Estudos Aplicados de Direito Empresarial

Estudos Aplicados de Direito Empresarial

SOCIETÁRIO

2019

Coordenação:
Ana Cristina Kleindienst

ALMEDINA

ESTUDOS APLICADOS DE DIREITO EMPRESARIAL
SOCIETÁRIO

COORDENAÇÃO: Ana Cristina Kleindienst
DIAGRAMAÇÃO: Almedina
DESIGN DE CAPA: FBA
ISBN: 978-85-8493-564-2

Dados Internacionais de Catalogação na Publicação (CIP)
(Câmara Brasileira do Livro, SP, Brasil)

Estudos aplicados de direito empresarial :
societário /
coordenação Ana Cristina
Kleindienst. – São Paulo : Almedina, 2019.

Vários autores.
Bibliografia.
ISBN 978-85-8493-564-2

1. Direito empresarial - Brasil 2. Direito
societário - Brasil I. Kleindienst, Ana Cristina.

19-31248 CDU-34:338(81)

Índices para catálogo sistemático:

1. Brasil : Direito empresarial 34:338(81)
2. Brasil : Direito societário 34:338(81)

Cibele Maria Dias - Bibliotecária - CRB-8/9427

Este livro segue as regras do novo Acordo Ortográfico da Língua Portuguesa (1990).

Novembro, 2019

EDITORA: Almedina Brasil
Rua José Maria Lisboa, 860, Conj.131 e 132, Jardim Paulista | 01423-001 São Paulo | Brasil
editora@almedina.com.br
www.almedina.com.br

APRESENTAÇÃO

Em complemento ao volume IV da Coleção Estudos Aplicados de Direito Empresarial – Societário, esta obra (volume V) é formada por mais cinco artigos selecionados entre os trabalhos mais bem avaliados elaborados pelos alunos das duas turmas do programa de LL.M. em Direito Societário do Insper no ano de 2018. Sob minha orientação e, em alguns casos, com a estimável ajuda do Professor André Antunes Soares de Camargo, os *alumni* debruçaram-se, com esmero, sobre discussões societárias atuais e de notória aplicabilidade prática. Em resumo, apresento a seguir os temas abordados em cada um dos textos.

A partir do estudo do caso da recuperação judicial do grupo econômico da empresa Oi S.A., **Ana Elias Borges Gonçalves** dedica-se à análise das intersecções entre o direito societário e o direito falimentar, demonstrando que, em um contexto de insolvência, a aplicação das regras societárias sem a consideração dos interesses dos credores e da função social da empresa pode trazer impactos consideráveis à efetividade do instituto da recuperação judicial.

Na sequência, partindo da conjuntura atual dos escândalos de corrupção que assolam nosso país e da edição da Lei nº 13.303/2016 (Lei das Estatais), cujo objetivo é, primordialmente, resgatar a credibilidade do Estado no exercício da atividade econômica, **Gabriel Gustavo de Camargo** investiga a possibilidade de extensão da aplicação dos requisitos estabelecidos pela Lei das Estatais às empresas privadas, nas quais as empresas públicas ou as sociedades de economia mista possuem participação minoritária, sem deter o efetivo poder de controle.

A seguir, com um viés muito prático e de grande utilidade para a indústria de *private equity* no Brasil, **Guilherme da Cunha Andrade Maranhão** aborda as vantagens e desvantagens das alternativas de estruturas jurídicas de desinvestimento disponíveis no mercado nacional, apresentando os aspectos legais de tais estruturas, como venda de participação para terceiros, oferta pública inicial e recompra da participação pela companhia investida ou demais acionistas.

Diante de uma legislação não tão clara e da escassez de precedentes sobre o tema, também com um viés bastante prático, **Soila Máira Ferreira da Silva Rodrigues**, a partir de dois votos divergentes proferidos em processos administrativos sancionadores da Comissão de Valores Mobiliários (CVM), trata da competência sancionadora da autarquia no que se refere ao julgamento dos atos dos presidentes das mesas das assembleias gerais de acionistas de companhias abertas.

Por fim, retomando o ainda muito atual assunto que envolve as recuperações judiciais no país, **Victor Dias Vieira Clementino** apresenta uma análise crítica da jurisprudência nacional sobre o controvertido tema da consolidação substancial, definindo-a como a unificação dos ativos e passivos das diversas sociedades devedoras integrantes de um mesmo grupo econômico em uma única "entidade devedora".

O fruto está aí: excelentes artigos, cuja publicização, por meio desta obra, é de grande valia para o meio jurídico profissional e acadêmico!

Boa leitura a todos!

ANA CRISTINA VON GUSSECK KLEINDIENST
Professora Orientadora do LL.M. em Direito Societário do Insper

PREFÁCIO

A nova edição da Coleção Estudos Aplicados de Direito Empresarial, fruto dos mais qualificados e contemporâneo artigos científicos para a solução e revisão de questões complexas atinentes ao direito empresarial, representa a mais clara aplicação da máxima de que *ciência se faz com verdade e não com vaidade*, conforme sempre nos lembra o jurista Ives Gandra da Silva Martins.

Durante mais de sete anos em que tenho a honra de figurar como um dos integrantes do corpo docente do Insper Direito, figurando por dois anos como coordenador de tais programas, tive a oportunidade de acompanhar de perto a evolução de todo o nosso corpo discente, fruto da continua busca na excelência em qualidade dos discentes e ininterrupta dedicação de todo o corpo docente, além da equipe de Desenvolvimento de Ensino e Aprendizagem (DEA) que tanto colabora para a nossa evolução como docente, sem se falar na insubstituível equipe da Biblioteca Telles, sem a qual, o resultado de tais trabalhos, certamente não seria possível.

Cada um dos cinco volumes que compõe a Coleção é a representação e espelho da excelência dos cursos de direito do Insper reconhecida por toda a comunidade jurídica, empresarial e profissional, fruto de mais de 20 anos de existência dos programas de direito nesta escola.

O volume destinado aos artigos dos discentes do LL.C. em Direito Empresarial, turma que tive a honra de ministrar algumas disciplinas, possui a complexa missão de mesclar temas jurídicos com conhecimentos interdisciplinares de matérias reconhecidas como "não jurídicas". Missão executada com excelência pelos discentes Danniel Barbosa Rodrigues, Evelliny Feitosa Silva Rego, Guilherme Totti, Larissa de Araújo Franco e Luana Leite de Moura. Conforme o leitor terá a oportunidade de constatar, são trabalhos que tramitam entre o grande desafio inovador da Internet das Coisas (IoT) aos direitos do hipersuficiente estabelecido pela reforma trabalhista de 2017, ou ainda, do conceito de insumo para efeitos do PIS e COFINS à análise da teoria do adimplemento substancial, sem se falar no artigo destinado a questão do patrocínio esportivo, tema tão raramente enfrentado pela doutrina pátria. São todos temas fundamentais para a evolução do direito empresarial no Brasil. Parabenizo a Professora Pamela pelo excelente e incansável trabalho realizado e dedicação aos seus orientandos, mesmo com o grande desafio de orientar as turmas dos dois programas (LLC e LLM).

O volume destinado aos artigos dos discentes do LL.M. em Direito nos Mercados Financeiro e de Capitais, igualmente orientado pela Professora Pamela, a quem parabenizo novamente, apresenta os trabalhos dos discentes André Maruch, Fernando Pinto Xavier Filho, Júnia Fontes Vieira Cidade, Rafael Viana de Figueiredo Costa e Tomás Centurione Leme Barbosa. No volume são apresentados trabalhos relevantes para os mercados financeiro e de capitais com o enfrentamento de situações complexas que envolvem a pertinência e a eficiência dos conselhos de administração com diversidade de gênero, tema tão caro e atual para toda a cultura empresarial brasileira, além do artigo diretamente vinculado a temática da prática de Governança Corporativa. Segue o volume com os estudos que tratam sobre a estruturação de veículos de investimentos com a avaliação comparativa de dois importantes institutos como o FIP e a SCP, além das mais recentes formas abusivas de manipulação do mercado e transferência internacional de dados, a qual, além do seu tratamento específico, ganha maior relevância nesse momento histórico nacional de debates sobre a lei geral de proteção de dados brasileira.

O volume destinado aos artigos dos discentes do LL.M. em Direito Societário, apresenta os trabalhos dos discentes Ana Elias Borges Gonçalves, Gabriel Gustavo de Camargo, Guilherme da Cunha Andrade Maranhão, Soila Máira Ferreira da Silva Rodrigues e Victor Dias Vieira Clementino. São apresentados dois estudos práticos abordando o conhecido caso sobre a Oi telecomunicações e a situação da consolidação substancial na prática do direito societário nacional, além da abordagem sobre os temas vinculados as regras de eleição de administradores nos respectivos conselhos das companhias de sociedade por ações, mecanismos de desinvestimentos pelo *private equity* e poder sancionar da CVM. São todos temas complexos e de extrema atualidade e importância ao profissional estratégico do direito. Parabenizo a Professora Ana Cristina pelo excelente trabalho realizado e dedicação aos seus orientandos.

O volume destinado aos artigos dos discentes do LL.M. em Direito Tributário, carinhosamente conhecido entre nós docentes do Direito como, o "volume roxinho" por escolha do seu Professor Orientador Regis Braga, a quem já parabenizo pela costumeira e brilhante orientação, dedicação aos seus alunos e intocável coordenação do volume, apresenta os trabalhos dos discentes Gabriela Mattos Uchôa de Moraes, Giuliana Cesani de Oliveira, Luan Moreira, Luiz Guilherme Fernandes Rosa Noronha e Pedro Moura de Almeida. São tratados os temas envolvendo a responsabilidade solidária de empresas do mesmo grupo econômico, comercialização de produtos e serviços durante os voos de aeronaves onde, o elemento territorial torna-se de dificílima definição para o direito tributário, sem se falar na temática envolvendo os benefícios fiscais e a sua análise jurisprudencial, bem como, os temas destinados a tributação quanto a saída definitiva de pessoa natural do território nacional e tributação referente ao pagamento de prémios na emissão de debentures.

Finalmente, o volume destinado aos artigos dos discentes do LL.M. em Direito dos Contratos, turma que igualmente tenho a honra de ministrar algumas disciplinas, apresenta os trabalhos dos discentes Juliana Braido Zaccarelli, Marcos Carrasco Gonzales, Mariana Rodrigues Cursino Osorio Nunes, Nathan Rocha Fernandes e Nathan Rocha Fernandes, todos grandes amigos que conquistamos ao longo do curso. São tratados relevantíssimos temas para o direito contratual e com propostas contemporâneas para problemas complexos, tais como, a questão da intervenção judicial nos contratos de *Built to Suit*, a avaliação sobre a persistência ou não de uma dicotomia entre os contratos de direito público e privado sob a ótica da boa-fé objetiva, ou ainda, quanto as cláusulas gerais da teoria geral do direito privado, é realizada a analise quanto a situação da função social nos contratos administrativos, além da recente possibilidade de rompimento do vínculo contratual pelo desvio de conduta apurado por regras e programas de *compliance*. O volume é encerrado com uma temática que me é particularmente muito cara, fruto do meu estudo durante o programa do mestrado, qual seja, a avaliação da manifestação de vontade nos contratos eletrônicos firmados com assinatura digital ou eletrônica. Parabenizo a Professora Maria Isabel (Bel) pelo excelente trabalho realizado, dedicação aos seus orientandos e a sua imensurável gentileza que tenho a oportunidade de acompanhar ao longo de mais de uma década de amizade.

Como dito, a nova edição da Coleção Estudos Aplicados de Direito Empresarial publicada pela prestigiada e rigorosa Editora Almedina, brinda e encerra o ano de 2019, ano em que o direito no Insper completou os seus 20 anos de história, inequívoco reconhecimento e prestígio no cenário jurídico nacional, feitos que nunca serão apagados, por quem quer que seja. Para mim, é uma verdadeira honra participar desse momento histórico da evolução da educação do direito no Brasil, parabéns aos autores e professores orientadores. Boa leitura e sucesso a todos!

Prof. Dr. Rodrigo Fernandes Rebouças

SUMÁRIO

Caso Oi: Uma Análise sobre a Intersecção entre o Direito Societário e a Recuperação Judicial

Ana Elias Borges Gonçalves

Introdução

O presente estudo versa sobre os pontos de intersecção entre as normas de direito societário e o processo de recuperação judicial, a partir do estudo do caso da recuperação judicial da Oi S.A. – Em Recuperação Judicial ("Caso Oi" e "Oi", respectivamente).

Entende-se que a convivência entre ambos os institutos deveria ser harmônica, na medida em que a sua intersecção é natural e esperada.

Ambos são ramos do direito empresarial, tendo o primeiro como finalidade regular a disciplina e o ordenamento das sociedades e, o segundo, regular as situações de crise da empresa[1], propiciando meios para recuperação daquelas consideradas viáveis e de liquidação das inviáveis[2]. Evidente, portanto, que

[1] Ainda que a Lei de Recuperação e Falência também seja aplicável ao empresário individual, o propósito deste estudo relaciona-se apenas a sociedades empresárias, notadamente sociedades anônimas.

[2] Tepedino, Ricardo. O Direito Societário e a Recuperação Judicial. In: Venancio Filho, Alberto. Lobo, Carlos Augusto da Silveira. Rosman, Luiz Alberto Colonna (coord.). Lei das S.A. em seus 40 anos. São Paulo: Forense, 2017. p. 585-586.

somente pela essência das normas já há uma relação inerente entre os dois sistemas.

Entretanto, ao contrapor os princípios e o procedimento de recuperação judicial previstos na Lei nº 11.101/2005 ("Lei de Recuperação e Falência") à luz dos direitos dos acionistas assegurados pela Lei nº 6.404/1976 ("Lei das S.A."), constata-se a existência não somente de pontos de convergência, mas também de conflito.

Com isso, propõe-se com este estudo analisar se tais atritos são decorrentes do próprio texto legal e, portanto, insanáveis sem que uma lei se sobreponha à outra, ou se haveria meios de compatibilização das normas, sem que determinados direitos sejam derrogados em benefício de outros.

A intersecção entre os dois ordenamentos jurídicos foi verificada de forma extrema no Caso Oi. As divergências de interesses entre empresa, credores, acionistas e administração mostraram-se evidentes e prejudiciais ao andamento do processo de recuperação judicial, de modo que foram adotadas algumas medidas até então inéditas em processos dessa natureza. Em que pese tivessem como objetivo a conclusão do processo de recuperação judicial, tais medidas resultaram na esterilização de direitos outorgados aos acionistas pela legislação societária.

O Caso Oi chama atenção por ter sido uma situação drástica de evidente sobreposição de uma norma em detrimento da outra. No entanto, ainda que com menor repercussão, conflitos da mesma natureza já haviam sido verificados em casos anteriores.

No processo de recuperação judicial da Daslu[3], verificou-se a insurgência de acionistas minoritários contra a alienação da

[3] Tribunal de Justiça do Estado de São Paulo. Agravo de Instrumento nº 0154311-66.2011.8.26.0100. Câmara Reservada à Falência e Recuperação do Tribunal de Justiça de São Paulo. Relator Des. Pereira Calças. j. 24 de janeiro de 2012.

marca da devedora, prevista no plano de recuperação judicial aprovado pelos credores. O acordo de acionistas em vigor atribuía, aos acionistas minoritários, veto para venda de determinados ativos, entre eles a marca.

Neste caso, a pretensão dos minoritários foi rechaçada em todas as instâncias, tendo os acionistas sido considerados como partes ilegítimas para impugnar o plano de recuperação judicial da empresa. Argumentou-se que a assembleia de credores seria soberana e que, por força do princípio da preservação da empresa e do princípio da função social da propriedade, não era dado aos sócios se oporem à aprovação do plano de recuperação judicial.

Situação similar foi verificada na recuperação judicial da Renuka[4], na qual se discutiu o poder de veto de acionistas minoritários, estabelecido em estatuto social, em relação a determinado aumento de capital previsto no plano de recuperação judicial aprovado pelos credores. Em primeira instância, restou decidido que o voto afirmativo da acionista minoritária em assembleia de acionistas seria dispensável sempre que fosse contrário ao cumprimento do plano.

Em agravo de instrumento, o Tribunal de Justiça do Estado de São Paulo confirmou a decisão de primeiro grau sob argumento de abuso do acionista minoritário e que sua a atuação estaria em conflito com os interesses sociais[5]. Conforme o correspondente acórdão, seria legítimo suprimir a necessidade de aprovação do acionista minoritário para fins de aumento de capital, pois a medida seria compatível com a situação econômica da empresa e não resultaria em diluição injustificada.

[4] 1ª Vara de Falências e Recuperações Judiciais do Foro Central da Comarca de São Paulo. Processo nº 1099671-48.2015.8.26.0100.

[5] Tribunal de Justiça do Estado de São Paulo. Agravo de Instrumento nº 2257715-26.2015.8.26.0000. 2ª Câmara Reservada de Direito Empresarial. Rel. Des. Alexandre Marcondes. j. 19 de dezembro de 2016.

Os casos Daslu, Renuka e Oi (que será detalhado neste estudo) causam grande preocupação, uma vez que a desconsideração de determinados direitos dos acionistas, ao menos quando realizada de forma aleatória e discricionária pelo juízo responsável pela recuperação judicial, pode impactar de forma significativa a segurança jurídica para investidores e para o mercado em geral.

Dessa forma, propõe-se, a partir deste estudo, uma reflexão acerca dos aspectos do procedimento de recuperação judicial que eventualmente conflitariam com a legislação societária para, então, avaliar de que maneira os direitos previstos em ambos os sistemas poderiam conviver.

Para tanto, o estudo foi estruturado em cinco itens, além desta introdução e da conclusão. O primeiro item tem como objetivo narrar de forma bastante resumida o Caso Oi e os principais pontos de conflito entre a legislação societária e a recuperação judicial nele verificados.

Na sequência, passa-se a analisar a existência de uma hierarquia entre a Lei de Recuperação e Falência e a Lei das S.A., caso em que uma necessariamente prevaleceria sobre a outra.

Uma vez tratado este tema, analisar-se-á o processo decisório de companhias em recuperação judicial, inicialmente a partir dos aspectos relacionados à manutenção do devedor e de seus administradores durante o processo de recuperação judicial.

Por fim, a análise volta-se à forma pela qual o princípio da preservação da empresa, norteador da Lei de Recuperação e Falência, influencia o procedimento de recuperação judicial e, em particular, a solução de conflitos societários envolvendo os acionistas do devedor.

Almeja-se que este estudo possa contribuir para as discussões jurídicas relacionadas às empresas em crise, sobretudo sociedades anônimas de grande porte, muitas vezes com ações amplamente negociadas em bolsa. Afinal, com o desenvolvimento da jurisprudência e diversificação do porte e da natureza das sociedades em recuperação judicial, é natural que novos problemas e conflitos surjam, sendo necessário refletir sobre a adequação das regras em vigor, e da sua interpretação corrente, frente à evolução da prática empresarial.

1. Síntese do Caso Oi

As empresas Oi, Telemar Norte Leste S.A. – Em Recuperação Judicial, Oi Móvel S.A. – Em Recuperação Judicial, Copart 4 Participações S.A. – Em Recuperação Judicial, Copart 5 Participações S.A. – Em Recuperação Judicial, Portugal Telecom International Finance BV – Em Recuperação Judicial, e Oi Brasil Holding Coöperatief UA – Em Recuperação Judicial (em conjunto, "Grupo Oi") apresentaram, conjuntamente, pedido de recuperação judicial em 20.06.2017, atualmente ainda em trâmite perante a 7ª Vara Empresarial da Comarca da Capital do Estado do Rio de Janeiro[6] ("Recuperação Judicial" e "Juízo da Recuperação Judicial", respectivamente).

Durante o curso do processo, surgiram inúmeras divergências entre alguns dos acionistas e os administradores principalmente no que tange à negociação do conteúdo do plano de recuperação judicial do Grupo OI. Tais divergências afetaram diretamente as tratativas negociais entre Grupo Oi e seus credores e prologaram significativamente a aprovação do correspondente plano de recuperação judicial.

Diante dessa situação, o Juízo da Recuperação Judicial adotou uma série de medidas de modo a, em sua visão, impedir que tais divergências continuassem a tumultuar a administração da Companhia e impedissem a aprovação do plano.

Entre tais medidas, vale destacar as seguintes: *(i)* impedimento de realização de assembleias gerais de acionistas regularmente convocadas; *(ii)* determinação para que novos diretores,

[6] Autos nº 0203711-65.2016.8.19.0001.

nomeados pelo conselho de administração da Oi no curso do processo, se abstivessem de interferir de qualquer modo em questões relacionadas a Recuperação Judicial, bem como na negociação e elaboração do plano; *(iii)* determinação de que somente o diretor presidente do Grupo Oi, Sr. Eurico Teles ("Diretor Presidente"), seria responsável pela condução e conclusão da negociação do plano de recuperação judicial do Grupo Oi; e *(iv)* determinação de que o plano de recuperação judicial negociado fosse apresentado nos autos em data específica, independentemente de deliberação ou aprovação do conselho de administração da Oi.

Com fundamento nessas decisões, o Diretor Presidente negociou o plano de recuperação judicial e o apresentou nos autos da Recuperação Judicial na data determinada, sem que houvesse aprovação pelos membros do conselho de administração ou envolvimento dos demais diretores da Oi.

O plano de recuperação judicial do Grupo Oi possuía, entre outras, as seguintes previsões: *(i)* alteração da estrutura do conselho de administração prevista no Estatuto Social da Oi, que passaria de 11 membros titulares e 11 membros suplentes para 7 membros titulares ("Conselho Transitório"); *(ii)* indicação dos nomes dos conselheiros para o Conselho Transitório, em substituição aos eleitos pelos acionistas, e que não poderiam ser destituídos; *(iii)* criação de um novo conselho de administração, para substituição do Conselho Transitório, sem observância das regras estatuárias, sem possibilidade de destituição por um determinado período ("Novo Conselho de Administração"); *(iv)* o Novo Conselho de Administração seria constituído por um membro indicado no próprio plano e por outros dez nomes a serem escolhidos pelo Conselho Transitório dentre 22 nomes selecionados por uma consultoria de recursos humanos; *(v)* a assembleia de acionistas deveria ratificar a escolha do Novo Conselho de Administração; e *(vi)* atribuição de poderes aos diretores de forma diversa da disposta no Estatuto Social; ***(vii)*** aumento do capital social da Oi, cuja aprovação poderia ser suprida pelo Juízo da Recuperação Judicial em caso de rejeição pelos acionistas ("Plano").

Em 20.12.2017, o Plano foi aprovado pelos credores em assembleia geral. Na sequência, em 08.01.2018, o Plano foi homologado pelo Juízo da Recuperação Judicial. Em sua decisão homologatória, o Juízo da Recuperação Judicial ressalta que as medidas previstas no Plano prescindem de autorização societária, ainda que os documentos da sociedade e a Lei das S.A. assim disponham, uma vez que a Lei de Recuperação e Falência seria especial, em relação à Lei das S.A. e que a assembleia de credores seria soberana, conforme trecho destacado abaixo:

> (...) as alterações pertinentes, inclusive do estatuto social da companhia, aprovadas no PRJ dispensam a realização de AGE e podem ser levadas a cabo pelos órgãos de direção da companhia, com base na autorização assemblear de credores, na forma prevista na LFR, que é lei especial em relação à LSA sobre a matéria. (...) esclareço que a vontade soberana dos credores deve ser integralmente respeitada, sendo até mesmo vedada a prática de qualquer ato – seja por acionista, membro do conselho ou administrador da companhia – que tenha o fim de inviabilizar o cumprimento do plano de recuperação aprovado na forma da lei. Cabe, inclusive, ao Presidente do Conselho de Administração dar imediato e efetivo cumprimento ao plano aprovado, tão logo homologado, assegurando, dentre outras, as condições provisórias de governança corporativa e conversão de dívida em ações, conforme decisão soberana dos credores.

Na sequência, alguns acionistas minoritários da Oi apresentaram pedidos de reconsideração ao Juízo da Recuperação Judicial e convocaram assembleia extraordinária de acionistas, cuja ordem do dia era, basicamente, deliberar sobre as matérias constantes no Plano.

Ao tomar conhecimento de tais medidas, o Juízo da Recuperação Judicial proferiu decisão, na qual estabeleceu que, "considerando a homologação realizada, do plano de recuperação, e uma vez judicializada, inviável, sem validade e, sem eficácia, qualquer deliberação extrajudicial que atente contra as questões já homologadas no plano." Afirmou, assim, que a deliberação das matérias do Plano pelos acionistas seria não somente desnecessária – como já havia mencionado – mas também inválida e sem eficácia.

A assembleia de acionistas, ainda assim, foi realizada, sob o argumento de que tal decisão teria sido proferida por juízo incompetente para decidir sobre questões societárias da empresa devedora. Além disso, foi aprovada a propositura da ação de responsabilidade civil prevista no art. 159 da Lei das S.A. em face do Diretor Presidente e do Diretor de Finanças e Relacionamento com Investidores, cuja permanência na administração da Oi foi prevista no Plano. Com isso, tais diretores seriam afastados da Companhia, conforme §2º do referido artigo.

Nesse contexto, após a assembleia de acionistas ter sido invalidada pelo Juízo da Recuperação Judicial, cuja decisão foi confirmada pelo Tribunal de Justiça do Estado do Rio de Janeiro[7] em sede de agravo de instrumento, um acionista minoritário da Oi instaurou procedimento arbitral e obteve decisão liminar para obstar a adoção das medidas de implementação do Plano.

Em vista disso, o Grupo Oi apresentou conflito de competência ao Superior Tribunal de Justiça[8]. Ao apreciar o recurso, o Superior Tribunal de Justiça suspendeu os efeitos da decisão

[7] Tribunal de Justiça do Estado do Rio de Janeiro. Agravo de Instrumento nº 0017198-21.2018.8.19.0000. 8ª Câmara Cível. Relator Des. Mônica Maria Costa.

[8] Superior Tribunal de Justiça. Conflito de Competência nº 157.099/RJ. Rel. Min. Marco Buzzi. Segunda Seção. j. 08 de março de 2018.

liminar proferida em sede arbitral e decidiu que o juízo arbitral encontrava-se em desalinho à jurisprudência daquele tribunal, uma vez que o juízo onde se processa a recuperação judicial é o competente para examinar e julgar as causas em que estejam envolvidos os interesses e bens da empresa recuperanda, a teor do art. 47 da Lei de Recuperação e Falência.

Nesse ínterim, o Juízo da Recuperação Judicial proferiu nova decisão suspendendo os direitos políticos dos subscritores da assembleia de acionistas realizada para deliberar sobre as medidas previstas no Plano, à exceção daqueles que se abstiveram, e afastou os membros do Conselho de Administração por eles indicados, até que fosse realizado o aumento de capital previsto no Plano, com fundamento no art. 64, III, da Lei de Recuperação e Falência. O seguinte trecho da decisão é relevante, pois discorre sobre alguns conceitos que serão abordados nos próximos capítulos:

> Como já destacado em outras oportunidades, com a recuperação judicial, a vida societária não mais segue em sua normalidade. Os interesses dos acionistas sofrem forte restrição e não se sobrepõem ao princípio da preservação da empresa e de sua função social, muito menos aos interesses da coletividade de credores de uma concessionária de serviço público.
>
> Lembre-se, mais uma vez, que a Lei de recuperação judicial não é superior às leis societárias, mas é especial em relação a elas. No exercício da harmonização das regras e princípios conflitantes, algum bem jurídico vai ter que vingar, mesmo que não se aponte a valoração da norma. O princípio da preservação da empresa tem substrato no interesse social inserido no complexo da organização empresarial.

A narrativa acima apresentada demonstra a prevalência, no Caso Oi, das normais recuperacionais em detrimento dos direitos dos acionistas, assegurados pela Lei das S.A. e previstos nos documentos societários.

Com base nisso e nas justificativas apresentadas pelo Juízo da Recuperação Judicial para derrogar tais direitos, passa-se a apresentar considerações sobre os diversos momentos e regras do processo de recuperação judicial visando a analisar a existência de situações incoerentes e de desequilíbrio de interesses.

Analisa-se a existência de possível hierarquia entre as normas relacionadas, como a manutenção do devedor na condução dos negócios da empresa em recuperação judicial está relacionada à inter-relação entre os direitos societário e recuperacional, como é exercido o poder decisório ao longo de um processo de recuperação judicial e se o princípio da preservação da empresa, tão caro à Lei nº 11.101.2005, deveria, por si só, prevalecer sobre os direitos e obrigações societárias ou guiar a interpretação dos dispositivos relacionados ao processo.

2. Hierarquia entre as Normas

A inter-relação entre o direito societário e o direto falimentar é inegável e está evidenciada em diversos artigos presentes em cada um de seus ordenamentos jurídicos.

O art. 122 da Lei das S.A. define a competência para o ajuizamento de um pedido de recuperação judicial ou de autofalência – mediante deliberação privativa da assembleia geral de acionistas ou, em caso de urgência, mediante autorização da administração ou do controlador, se houver. Ao receber a petição inicial, o juiz da recuperação judicial deve analisar não somente a presença dos documentos necessários para o ajuizamento como também a observância das formalidades deliberativas relacionadas, conforme as regras societárias previstas na legislação e nos documentos da respectiva sociedade.

Ainda, considerando a manutenção dos acionistas e dos administradores na condução dos negócios quando do ajuizamento de um pedido de recuperação judicial, determinada pela lei recuperacional[9], a sociedade em recuperação continua sendo regida pela Lei das S.A. ou pelo Código Civil, conforme o tipo societário adotado.

De forma ainda mais explícita, o art. 50 da Lei de Recuperação e Falência apresenta, de modo exemplificativo, negócios jurídicos regidos pela norma societária e que são classificados, pela lei recuperacional, como meios de recuperação judicial. Entre eles encontram-se a cisão, a incorporação, a fusão e a transformação da sociedade, a constituição de subsidiária integral, a cessão de cotas ou ações, a alteração de controle societário, a substituição parcial dos administradores do devedor ou a modificação de seus órgãos administrativos, o aumento do capital social, o trespasse etc.

Referido artigo, contudo, não apresenta tais negócios jurídicos como opções irrestritas, uma vez que para a sua utilização no âmbito da recuperação deve ser "observada a legislação pertinente a cada caso". Além disso, em relação à cisão, incorporação, fusão ou transformação de sociedade, constituição de subsidiária integral ou cessão de cotas ou ações, o inciso I do mencionado art. 50 ressalta que devem ser "respeitados os direitos dos sócios, nos termos da legislação vigente".

Logo, analisando ambas as normas sob a perspectiva literal, não é possível afirmar que há uma prevalência de uma sobre a outra, como se uma fosse hierarquicamente superior à outra, e tampouco se pode falar em antinomia jurídica. Em verdade, a conclusão é oposta: o texto da Lei de Recuperação e Falência expressamente ressalva que a legislação específica deve ser observada para a concretização de negócios jurídicos disciplina-

[9] Art. 64. Durante o procedimento de recuperação judicial, o devedor ou seus administradores serão mantidos na condução da atividade empresarial, sob fiscalização do Comitê, se houver, e do administrador judicial, salvo se qualquer deles (...).

dos em normas diversas, ainda que previstos em planos de recuperação judicial aprovados pelos credores na forma dessa lei.

Nesse sentido, Ricardo Tepedino reconhece que "é a lei falimentar que regula, por exemplo, como se dá a inclusão, no Plano de Recuperação, de uma cisão ou da emissão de debêntures, mas isso de nenhum modo permite a efetivação de uma ou de outra sem obediência às prescrições da lei societária, bem como das regras estatutárias e de disposições de eventual acordo de voto."[10]

Da mesma forma entendem Scalzilli, Spinelli e Tellechea ao afirmarem que a expressão trazida no art. 50, no sentido de que deve ser observada a legislação pertinente de cada caso, traduz o cuidado do legislador de que é preciso atentar para que o plano de recuperação judicial não colida com as normas específicas de cada meio de recuperação judicial eventualmente adotado.[11]

Essa conclusão, por distintas razões, parece acertada. Primeiro, considerando que a Lei de Recuperação e Falência não é especial em relação à Lei das S.A., tampouco o é a Lei das S.A. em relação à Lei de Recuperação e Falência, não há qualquer supremacia formal de uma ou de outra. Cada norma constitui um sistema autônomo de princípios e normas elaborado para regular determinada relação jurídica.

A Lei de Recuperação e Falência, portanto, somente deveria derrogar dispositivos da Lei das S.A. quando o fizesse de forma expressa. Sendo atos que suprimem direitos, deveriam sempre ser interpretados de forma restritiva.

[10] TEPEDINO, Ricardo. O Direito Societário e a Recuperação Judicial. In: VENANCIO FILHO, Alberto. LOBO, Carlos Augusto da Silveira. ROSMAN, Luiz Alberto Colonna (coord.). **Lei das S.A. em seus 40 anos**. São Paulo: Forense, 2017. p. 587.

[11] SCALZILLI, João Pedro. SPINELLI, Luis Felipe. TELLECHEA, Rodrigo. **Recuperação de empresas e falência: teoria e prática da Lei 11.101/2005.** São Paulo: Almedina, 2016. p. 303.

Marcos Andrey de Sousa, sobre o tema, pondera o seguinte:

> O direito societário e o direito recuperacional devem se harmonizar, numa relação de complementariedade. Colocar os referidos ramos em relação de hierarquia poderá, de forma despropositada, culminar com a exclusão de um deles num caso concreto. Vale dizer, reconhecer a antinomia jurídica, real ou aparente, e aplicar uma das formas de solução de antinomias, significaria, num caso concreto, aplicar as normas de um dos ramos do direito, com afastamento das normas do outro ramo.[12]

Tal conclusão também é extraída sob perspectiva da ordem lógica, social e econômica. As obrigações e proteções aos sócios possuem, dentre outros propósitos, a função socioeconômica de estimular o investimento, conferindo, dentro do possível, certeza, segurança e previsibilidade aos investidores. Ao avaliar a oportunidade de negócio, o investidor confia que a legislação será devidamente aplicável e que ele, na qualidade de sócio, manterá seus direitos anteriormente garantidos.

O afastamento de tais direitos em razão da existência de um pedido de recuperação judicial, sem que houvesse um regramento específico para tal situação, resultaria em enorme imprevisibilidade e insegurança jurídica, com possíveis consequências graves à economia. Vale, neste ponto, abrir um parêntese para relembrar que no Caso Oi, assim como em outros que lhe precederam, uma das devedoras é uma companhia aberta, com um enorme número de acionistas, de modo que os impactos das decisões do Juízo da Recuperação Judicial abrangiam um universo muito maior de interesses.

[12] WAISBERG, Ivo. REZENDE, Horácio Halfeld. **Temas de Direito da Insolvência: Estudos em homenagem ao Professor Manoel Justino**. São Paulo: Editora RT, 2005. p. 728.

Avaliando, por hipótese, que seja, de fato, necessário que a legislação recuperacional se sobreponha à legislação societária em determinadas situações, o regramento específico de tais situações poderia solucionar a insegurança jurídica e imprevisibilidade do investidor. Se já fosse conhecido, de antemão, que as regras societárias seriam derrogadas em situações de divergência sobre entre acionistas e credores, por exemplo, o investidor ponderaria tais riscos ao tomar a decisão de seus investimentos.

Imagina-se, ainda assim, que haveria uma diminuição significativa da intenção de investir caso houvesse regramento nesse sentido, mas, de todo modo, a falta de critério verificada atualmente é, evidentemente, mais perigosa e gravosa à economia e ao mercado.

Isto porque, como vimos nos casos Daslu, Renuka e Oi, a tendência jurisprudencial é considerar que a Lei de Recuperação e Falência seria hierarquicamente superior à Lei das S.A., sob a justificativa de que haveria uma necessidade precípua de preservação da empresa em detrimento dos direitos dos acionistas. Com isso, preserva-se o direito dos acionistas apenas até que não interfiram no pleno soerguimento da empresa em crise.

De uma forma bastante enfática, posiciona-se Nelson Marcondes Machado:

> Instalado o desacordo, surge a inevitável questão: se o plano de recuperação apresentado em juízo, muito embora aprovado pela comunidade de credores reunidos em assembleia, não o for pelos acionistas da companhia, deve o juiz declarar a falência da empresa ou desprezar as diretrizes da Lei das S.A., acatando o projeto e deferindo sua execução?
>
> Parece-nos que a segunda alternativa é a mais acertada, por ser mais compatível com o espírito que o direito falencial busca semear, sempre com vistas ao interesse não apenas daquela socie-

> dade, daqueles credores ou daqueles acionistas, mas de um benefício social de mais amplo alcance. (...)
>
> É pois, imperativo concluir que as normas da lei societária – ainda que sejam, em situações normais, impositivas – não podem se sobrepor aos ditames da Lei de Falências, tal a excepcionalidade encerrada no processo de recuperação judicial.
>
> Podem os credores, portanto, tomar medidas à revelia da comunidade de acionistas, desde que destinadas a sublimar as condições de soerguimento da companhia devedora.[13]

A interpretação do autor não deveria, contudo, ser aplicada como regra geral, sempre que houver desacordo entre acionistas e credores. Conforme será explorado mais detalhadamente adiante nesse trabalho, existem meios na própria lei recuperacional de coibir abusos dos acionistas ou de enfrentar conflitos verificados durante o processo.

A narrativa do Caso Oi é um exemplo claro de confronto entre as normas e aplicação casuística dos direitos previstos em cada uma delas. Sob a justificativa de que os minoritários e os administradores por eles indicados estariam bloqueando a aprovação e a implementação do Plano, o Juízo da Recuperação Judicial impediu o exercício de direitos rotineiros em uma sociedade por ações, como, por exemplo, de convocar assembleias gerais ou se opor a trocas de administração, de modo a privilegiar a viabilidade da Recuperação Judicial.

É verdade que a Recuperação Judicial no Caso Oi estava se prologando por mais tempo do que o usual, em razão da postura adotada pelos acionistas, administradores e credores. As divergências entre os diversos polos afetados pela Recuperação Judicial impediam que as negociações de um plano de recuperação

[13] CASTRO, Rodrigo R. Monteiro de. ARAGÃO, Leandro Santos de (coord.). **Direito Societário e a Nova Lei de Falências e Recuperação de Empresas.** São Paulo: Quartier Latin, 2006. p. 155-162.

judicial fruíssem, de modo que a assembleia geral de credores já havia sido adiada ou suspensa por diversas vezes e não havia qualquer perspectiva de se obter o consenso mínimo necessário para a aprovação de um plano de recuperação judicial.

A solução dada pelo Juízo da Recuperação Judicial, no caso em comento, como já visto, foi alterar de forma brutal a governança da sociedade, privando acionistas e administradores de seus direitos, sem se valer, no momento adequado, de qualquer dos mecanismos previstos na lei falimentar para afastamento da administração, sob o pretexto de que estaria privilegiando os interesses da empresa e dos credores.

A questão que se coloca é a seguinte: ainda que não haja uma hierarquia formal entre as normas, os princípios que regem a Lei de Recuperação e Falência devem prevalecer sobre os direitos garantidos pela legislação societária ou seria possível o convívio harmônico entre as normas?

De modo a permitir uma reflexão informada sobre tal pergunta, passa-se a demonstrar como se desenvolve o poder decisório na recuperação judicial e os princípios relacionados a este poder, bem como o papel dos acionistas e administradores nesse contexto.

3. Manutenção do Devedor na Condução da Empresa

O deferimento do processamento da recuperação judicial não enseja, via de regra, o afastamento do devedor e de seus administradores dos negócios da sociedade. O art. 64 da Lei de Recuperação e Falência expressamente dispõe que "durante o procedimento de recuperação judicial, o devedor ou seus administradores serão mantidos na condução da atividade empresarial, sob fiscalização do Comitê, se houver, e do administrador judicial."[14]

[14] Segundo Eduardo Munhoz, "defende-se que, em se tratando de sociedade personificada de responsabilidade limitada, a melhor interpretação dos arts. 64 e 65 é que, em vez de *devedor* deve-se ler *sócio controlador*". Cf. MUNHOZ, Eduardo

Entre os benefícios da manutenção do devedor na condução da empresa está a familiaridade com os negócios e com as atividades. A entrada de um novo gestor, terceiro às atividades, para a condução da empresa em um momento de crise pode acentuar a curva de aprendizado dos negócios e prolongar a conclusão da reestruturação.

Ademais, a permanência do devedor cria incentivos adicionais para que a recuperação seja iniciada no momento adequado, evitando o agravamento da crise pela demora em tomada de ação e/ou sua irreversibilidade. A certeza de que, ao menos via de regra, permanecerão na gestão das atividades parece permitir que os administradores e acionistas ponderem a respeito do ajuizamento de um pedido de recuperação judicial de uma forma menos parcial.

Assim, conforme exposto por Sheila Cerezetti, "a determinação da perda compulsória do direito de administrar os próprios negócios seria contraproducente, na medida em que causaria delongas na formulação do pedido por parte dos membros da administração da companhia, que temeriam seu respectivo afastamento com relação à condução dos negócios."[15]

Scalzilli, Spinelli e Tellechea citam, ainda, outros dois argumentos favoráveis à manutenção do devedor, quais sejam (i) "a necessidade de recuperação por parte dos devedores advém, na imensa maioria das vezes, de reveses inerentes à própria atividade empresarial, não de fraude, desonestidade ou negligência grave"; e (ii) "a alocação do poder de controle nas empresas em crise não pode discrepar do compromisso constitucional com

Secchi. **Comentários aos artigos 55 a 69**. In: Souza Jr., Francisco Satiro de; Pitombo, Antonio Sérgio A. de Morais. **Comentários à Lei de Recuperacão de Empresas e Falências**. 2º ed. São Paulo: Revista dos Tribunais, 2007. p 308.

[15] Cerezetti, Sheila Christina Neder. **A Recuperação Judicial de Sociedade por Ações: O principio da preservação da empresa na Lei de Recuperação Judicial e Falência**. São Paulo: Malheiros, 2012. p. 391.

a propriedade privada, firmado no art. 170, inc. II, da Constituição Federal."[16]

Em contrapartida, em que pese a crise financeira seja parte do risco empresarial, é possível que a administração tenha sido responsável ou, ao menos, contribuído parcialmente para a situação deletéria a que chegou a companhia devedora. Dessa forma, em muitas situações, a entrada de um novo agente para a condução do processo de recuperação judicial poderia abrir caminhos nas negociações, uma vez que a relação entre credores e devedor poderia estar desgastada ou contaminada pela desconfiança.

Outro ponto é a ausência de interesse dos acionistas e administradores por eles indicados na melhor forma de reestruturação da empresa. A sua permanência no comando pode incentivar a administração a, no seu próprio interesse ou no restrito interesse dos acionistas, evitar a liquidação a qualquer custo, mesmo em casos em que a maximização dos resultados aos credores seja a realização dos ativos no âmbito de uma falência.

Sobre o tema, tratando de uma maneira mais abstrata, Sheila Cerezetti afirma que:

> Em situações ideais, o interesse social, cuja realização deve ser almejada quando da participação da companhia na recuperação judicial, não deveria ser aquele que reflete apenas as vontades dos acionistas. Em verdade, consoante os ditames da Lei das Sociedades por Ações, ele deveria refletir uma composição de interesses mais amplos. Sabe-se, todavia, que o cenário real em muito difere disso. Companhias brasileiras sofrem com um alto nível de conflito em sua gestão, agravado pelo elevado grau de concentração acionária. Isso significa que a organização societária muitas vezes

[16] SCALZILLI, João Pedro. SPINELLI, Luis Felipe. TELLECHEA, Rodrigo. **Recuperação de empresas e falência: teoria e prática da Lei 11.101/2005.** São Paulo: Almedina, 2016. p. 272

é utilizada como meio de realização de interesses individuais de parte do corpo acionário, diga-se, do acionista controlador.[17]

A dificuldade encontrada seria harmonizar os interesses verificados no contexto de uma sociedade em recuperação judicial, os quais deveriam convergir na busca pelo equilíbrio entre os interesses dos credores e a manutenção da empresa.[18]

3.1. Afastamento do Devedor

A manutenção do devedor e da administração não é absoluta. Pode o magistrado responsável pela recuperação judicial, verificando as hipóteses descritas no art. 64[19] da Lei de Recupera-

[17] Cerezetti, Sheila Christina Neder. **A Recuperação Judicial de Sociedade por Ações: O principio da preservação da empresa na Lei de Recuperação Judicial e Falência**. São Paulo: Malheiros, 2012. p. 225.

[18] Superior Tribunal de Justiça. Recurso Especial nº 1.359.311. Quarta Turma. Rel. Min. Luis Felipe Salomão. J. 09 de setembro de 2014.

[19] Art. 64. Durante o procedimento de recuperação judicial, o devedor ou seus administradores serão mantidos na condução da atividade empresarial, sob fiscalização do Comitê, se houver, e do administrador judicial, salvo se qualquer deles:
I – houver sido condenado em sentença penal transitada em julgado por crime cometido em recuperação judicial ou falência anteriores ou por crime contra o patrimônio, a economia popular ou a ordem econômica previstos na legislação vigente;
II – houver indícios veementes de ter cometido crime previsto nesta Lei;
III – houver agido com dolo, simulação ou fraude contra os interesses de seus credores;
IV – houver praticado qualquer das seguintes condutas:
a) efetuar gastos pessoais manifestamente excessivos em relação a sua situação patrimonial;
b) efetuar despesas injustificáveis por sua natureza ou vulto, em relação ao capital ou gênero do negócio, ao movimento das operações e a outras circunstâncias análogas;
c) descapitalizar injustificadamente a empresa ou realizar operações prejudiciais ao seu funcionamento regular;

ção e Falência, afastar o "devedor" e nomear um gestor judicial para a condução da empresa durante o processo de recuperação judicial, bem como destituir os administradores.

Dessa forma, a solução para o impasse descrito neste capítulo parece passar por uma análise casuística das situações. Na medida em que o juiz responsável pela condução da recuperação judicial note, por exemplo, que a falta de composição de interesses se dá em função ou em paralelo a ocorrência das hipóteses do art. 64 da Lei de Recuperação e Falência, deverá promover o afastamento lá previsto.

Segundo Sheila Cerezetti, a atuação do magistrado em relação à administração do devedor não se restringiria aos casos previstos no art. 64, mas também a descumprimentos de deveres fiduciários previstos na Lei das S.A.[20]:

> Sem dúvida alguma, a concessão ao magistrado do poder de destituir os administradores em caso de descumprimento dos deveres fiduciários representa, por um lado, conferir ao Poder Judiciário relevante papel na defesa dos interesses aqui aclamados e, por outro, criar hipótese não prevista em lei para o afastamento de administradores. Esse quadro não deve ser motivo de preocupações desde que se tenham em mente dois aspectos. Em primeiro lugar, não serão verificados excessos na aplicação do preceito caso se esclareçam adequadamente os critérios para que se possa aferir se a ampla gama de destinatários da proteção

d) simular ou omitir créditos ao apresentar a relação de que trata o inciso III do caput do art. 51 desta Lei, sem relevante razão de direito ou amparo de decisão judicial;
V – negar-se a prestar informações solicitadas pelo administrador judicial ou pelos demais membros do Comitê;
VI – tiver seu afastamento previsto no plano de recuperação judicial.

[20] No projeto de lei altera a Lei de Recuperação e Falência, propõe-se que a violação de deveres fiduciários seja considerada como modalidade de afastamento do administrador.

conferida pela exigência dos deveres fiduciários está sendo atendida. Em segundo, a medida será efetiva caso não se verifiquem a apatia judiciária e a rejeição de decisões de mérito por motivos processuais.[21]

Para Eduardo Munhoz, considerando que a realidade brasileira é marcada pela elevada concentração do poder empresarial, seria recomendável que a lei ampliasse as hipóteses de afastamento do devedor e conferisse ao juiz maior poder de interferência em relação à matéria; além dos casos de crime, fraude ou negligência administrativa, entende o autor que seria importante que a lei tivesse permitido o afastamento do devedor e seus administradores por exemplo pela vontade de parcela significativa dos credores, ou, ainda, por atos praticados em sentido contrário aos objetivos da recuperação.[22]

De todo modo, considerando as previsões taxativas do art. 64 da Lei de Recuperação e Falência, as situações em que o devedor pode ser afastado estão relacionadas a casos de crime, fraude ou grave falhas administrativas, além dos casos de "dolo (...) contra os interesses de seus credores"[23]. Dessa forma, ainda que não sejam situações facilmente apuradas, são situações que certamente demandam uma atuação firme do Poder Judiciário.

[21] CEREZETTI, Sheila Christina Neder. **A Recuperação Judicial de Sociedade por Ações: O principio da preservação da empresa na Lei de Recuperação Judicial e Falência**. São Paulo: Malheiros, 2012. p. 397/398.

[22] MUNHOZ, Eduardo Secchi. **Comentários aos artigos 55 a 69**. In: SOUZA JR., Francisco Satiro de; PITOMBO, Antonio Sérgio A. de Morais. **Comentários à Lei de Recuperacão de Empresas e Falências**. 2º ed. São Paulo: Revista dos Tribunais, 2007. p 312.

[23] MUNHOZ, Eduardo Secchi. **Comentários aos artigos 55 a 69**. In: SOUZA JR., Francisco Satiro de; PITOMBO, Antonio Sérgio A. de Morais. **Comentários à Lei de Recuperacão de Empresas e Falências**. 2º ed. São Paulo: Revista dos Tribunais, 2007. p. 311.

No Caso Oi, como visto, houve a suspensão dos direitos políticos de determinados acionistas e afastamento de determinados administradores com fundamento no inciso III do referido artigo, que coíbe atuação com dolo, simulação ou fraude contra os interesses dos credores.

No caso, entende-se que a aplicação do referido artigo foi tardia, na medida em que já havia, inclusive, plano aprovado e buscava-se, com essa decisão, não obstar a sua implementação. Antes disso, porém, o Juízo da Recuperação Judicial já havia determinado na decisão relativa à homologação do plano que uma série de atos poderiam ser praticados de forma contrária ao disposto na Lei das S.A. e nos documentos societários.

Pondera-se, com isso, que se o Juízo da Recuperação Judicial tivesse aplicado referido artigo meses antes, muitas das suas decisões, conflitantes com a Lei das S.A., poderiam ter sido evitadas. Se, em sua visão, os acionistas e administradores estavam agindo dolosamente contra os interesses dos credores durante todo o processo, como parece ser o entendimento subjacente a várias das decisões que proferiu em momentos anteriores, a decisão condizente com ambas as normas seria a aplicação do art. 64 desde logo, ao invés de alterar de forma significativa regras de governança da sociedade, como, por exemplo, o fez quando da decisão acerca da homologação do plano.

Trata-se de um remédio da Lei de Recuperação e Falência para solucionar uma situação patológica verificada, de sócios e administradores que atrapalham e impedem o soerguimento da empresa de forma maliciosa e/ou ilícita.

Não se está diante, propriamente, de uma situação de harmonização dos institutos concursal e societário.

Nesse sentido, entende-se que a aplicação de tal artigo deve ser fundamentada e consubstanciada em evidências da patologia. No Caso Oi, a decisão que suspendeu os direitos políticos de determinados acionistas e afastou administradores foi proferida de maneira genérica e superficial, sem pormenorizar os motivos concretos de sua aplicação. A utilização do remédio legal sem o devido cuidado pode, ao invés de contribuir para a segurança jurídica, aumentar a insegurança, na medida em que qualquer ato contrário aos interesses dos credores poderia ser caracterizado como dolo para fins de aplicação do art. 64.

De todo modo, aplicação do art. 64 demonstra, de forma clara, a interferência do juízo da recuperação judicial na esfera societária da sociedade, ainda que para coibir uma situação patológica e com o objetivo de viabilizar a recuperação judicial da empresa.

4. Poder Decisório na Recuperação Judicial

A manutenção do devedor na condução dos negócios, entretanto, não significa que todo o poder decisório da sociedade em recuperação permanece em suas mãos.

Em primeiro lugar, vale mencionar que, ainda que o devedor seja mantido na condução da empresa, a sua atuação é fiscalizada pelo administrador judicial e pelo comitê de credores. A forma de sua atuação, portanto, é alterada em relação ao momento anterior à recuperação judicial, passando a sofrer certas limitações.

Adicionalmente, ainda que seja sua responsabilidade, exclusiva, apresentar o pedido de recuperação judicial, assim como elaborar e apresentar o plano de recuperação judicial, a decisão acerca do futuro do devedor cabe aos credores.

Em conformidade com a atual estrutura do direito concursal brasileiro, as funções dos credores são extremamente relevantes para o desenrolar do procedimento de recuperação judicial. O credor passa a ser protagonista na recuperação judicial, uma vez que, caso qualquer credor se oponha ao plano de recuperação judicial apresentado pelo devedor, deve ser convocada assembleia geral de credores para deliberação acerca de sua aprovação.

Trata-se de órgão deliberativo composto apenas por credores concursais – ou seja, não participam aqueles credores não sujeitos ao procedimento conforme art. 49 §3º da Lei de Recuperação e Falência. Conforme a doutrina: "Sob o argumento de que os credores são as partes que têm interesses diretos na recuperação da empresa em crise, a Lei de Recuperação e Falência, em profunda alteração do sistema concursal brasileiro, a eles conferiu o poder de decidir acerca do futuro do devedor que solicita sua recuperação judicial."[24]

De acordo com Lídia Valério Marzagão "a adesão dos credores às medidas preventivas de recuperação de empresas é de salutar importância passando estes a ter papel de destaque, relevante no procedimento da recuperação de empresas, na medida em que darão assentimento expresso, em assembleias de credores, sobre as condições propostas no plano de pagamento apresentado pelo devedor. O credor passa da condição passiva, que lhe era imposta na lei anterior, a ter voz ativa, participando do processo, concordando ou desaprovando as condições entabuladas no plano de recuperação apresentado pelo devedor."[25]

Na visão de Scalzilli, Spinelli e Tellechea, a participação ativa dos credores consiste em uma mudança significativa de perspectiva. Entendem que, como são os credores que sofrerão os efeitos da recuperação, nada mais justo que o poder decisório sobre o tema recaia sobre eles.[26]

[24] CEREZETTI, Sheila Christina Neder. **A Recuperação Judicial de Sociedade por Ações: O principio da preservação da empresa na Lei de Recuperação Judicial e Falência**. São Paulo: Malheiros, 2012. p. 279.

[25] MACHADO, Rubens Approbato. **Comentários à nova lei de recuperação e falência de empresas: doutrina e prática**. São Paulo: Quartier Latim, 2005. p. 80.

[26] SCALZILLI, João Pedro. SPINELLI, Luis Felipe. TELLECHEA, Rodrigo. **Recuperação de empresas e falência: teoria e prática da Lei 11.101/2005.** São Paulo: Almedina, 2016. p. 79.

Não se entende, contudo, que tal afirmação é de todo verdadeira. Como visto acima, são muitos os interesses que devem ser considerados e harmonizados durante o processo de recuperação judicial. Ainda que se reconheça que a alteração de perspectiva da Lei de Recuperação e Falência, em relação à legislação anterior, seja de fato positiva, os interesses dos credores não são os únicos que sofrem os efeitos da recuperação judicial. Há impactos significativos para os acionistas e para outros *stakeholders* do devedor que a legislação acaba por dar menor importância.

Ao devedor é dado, somente, a possibilidade de veto na hipótese de alterações do plano por ele apresentado durante o conclave, conforme art. 55, §3º da Lei de Recuperação e Falência: "O plano de recuperação judicial poderá sofrer alterações na assembleia-geral, desde que haja expressa concordância do devedor e em termos que não impliquem diminuição dos direitos exclusivamente dos credores ausentes."

O acionista com participação superior a 10% (dez por cento) do capital social do devedor ou em que o devedor ou algum de seus sócios detenham participação superior a 10% (dez por cento) do capital social é impedido de votar na assembleia, por força do art. 43 da Lei de Recuperação e Falência. Ou seja, ainda que, além da relação societária com o devedor, o acionista detenha, também, créditos contra ele, não poderá participar da deliberação acerca do plano de recuperação judicial.

Diante desse quadro, o afastamento dos acionistas do devedor em recuperação judicial pode resultar em prejuízos àqueles que não encontram seus próprios interesses abarcados pelos atos da companhia, os quais, em muitos casos, são meros reflexos de seu controlador[27]. Dessa forma, acionistas minoritários ficam

[27] CEREZETTI, Sheila Christina Neder. **A Recuperação Judicial de Sociedade por Ações: O principio da preservação da empresa na Lei de Recuperação Judicial e Falência**. São Paulo: Malheiros, 2012. p. 226.

em situação de desamparo, sem qualquer ingerência sobre o processo de recuperação judicial da empresa em que são sócios, salvo em eventuais deliberações societárias dependendo de qual meio de recuperação judicial é previsto no plano.

Sobre o tema, ainda, pondera Sheila Cerezetti que, com base no direito comparado, deve-se avaliar qual o peso atribuído à decisão dos acionistas reunidos em assembleia:

> Ou seja: deve-se ponderar se cabe ao direito concursal prever medidas de superação de possível discordância dos acionistas. A resposta varia nos diversos ordenamentos. Nos Estados Unidos, por exemplo, os acionistas participam diretamente do procedimento de reorganização e, ao formarem uma classe para votação do plano, podem, em determinados casos, ter sua rejeição a certa proposta afastada pelo tribunal. O direito continental europeu, por seu turno, em geral não conta com essa possibilidade e depende da concordância da maioria dos sócios para que uma reestruturação societária pretendida seja realizada em prol da recuperação da empresa.[28]

Ainda que a dinâmica formal do processo de recuperação judicial seja a descrita acima, não se pode esquecer que o plano de recuperação apresentado pelo devedor é o resultado de meses de negociações com os seus credores. Negociações essas que, idealmente, devem contar com a participação dos acionistas com o objetivo de mitigar os riscos de um plano ser aprovado pelos credores e, em momento subsequente, ser barrado em assembleia de acionistas.

[28] CEREZETTI, Sheila Christina Neder. **A Recuperação Judicial de Sociedade por Ações: O principio da preservação da empresa na Lei de Recuperação Judicial e Falência**. São Paulo: Malheiros, 2012. p. 230

Sobre o tema, ensina Eduardo Munhoz:

> A lei estrutura um processo de negociação entre devedor e credores que busca implementar um modelo de comportamento cooperativo, de convergência de interesses, em lugar de um comportamento individualista. Confia-se que desse processo de negociação estruturada (regulada pela lei) possa resultar a solução consentânea com o interesse público na preservação da empresa viável e na liquidação da empresa inviável.[29]

É certo que existem situações, como a do Caso Oi, em que as dificuldades verificadas nas negociações do Plano demonstravam que seria praticamente impossível que as vontades das partes convergissem, tamanha era sua diferença. Em situações como essa, seria possível considerar que determinadas medidas, de competência da assembleia de acionistas, fossem aprovadas e implementadas apenas com a chancela dos credores e do judiciário?

Sobre o assunto, Ricardo Tepedino pondera o seguinte:

> Se essa hipótese se verificar – *i.e.*, se a AGC chancela a previsão de um negócio jurídico que a lei societária ponha na dependência de aprovações não previamente concedidas e esse *placet* não vem a ser emitido, não seria caso de descumprimento de plano a justificar a convolação da recuperação em falência, na forma do art. 73, IV, da LRF. Afinal, na hipótese cogitada, quando da aprovação do plano não havia ainda manifestação de vontade válida pela cisão por parte da recuperanda, razão pela qual ela não estava ainda validamente obrigada a celebrar o negócio anunciado. Dessa modo, ao invés de se decretar a quebra, a medida adequada seria a con-

[29] MUNHOZ, Eduardo Secchi. **Anotações sobre os limites do poder jurisdicional**. In: RDBMC 36, abril-junho/2007, p.191.

> vocação de nova AGC para que os credores voltassem a examinar o plano assim desfalcado de uma de suas estipulações, seja para novamente aprova-lo com ou sem modificações, seja para rejeita--lo, valendo frisar que a renovação da assembleia é prática muito frequente nas recuperações.[30]

Carlos Alberto Carmona, em parecer apresentado a um acionista minoritário no contexto do Caso Oi, argumenta que não se verifica uma incompatibilidade entre os diplomas societário e falimentar, mas sim "perfeita sincronia no jogo de sacrifícios (e barganha) de direitos do ajuste obrigacional pelo qual se consubstancia o plano de recuperação."[31]

Nesse sentido, em sua visão, não seria possível impor ao devedor (e, por consequência, aos seus acionistas) medidas que dependem da formação de vontade da pessoa jurídica de modo regular, válido e eficaz, na forma disciplinada na Lei das S.A.

4.1. Soberania da Assembleia Geral de Credores

Em contrapartida, observa-se o argumento, utilizado em todos os casos mencionados neste estudo, de que a assembleia geral de credores é soberana e que são os credores, pela lógica da Lei de Recuperação e Falência, os legitimados para decidir sobre o futuro da empresa, de modo que suas decisões deveriam sempre prevalecer. Sobre o tema, vale tecer alguns breves comentários para reflexão.

A discussão em torno da soberania da assembleia de credores gira, em geral, em torno dos limites do Poder Judiciário na

[30] Tepedino, Ricardo. **O Direito Societário e a Recuperação Judicial.** In: Venancio Filho, Alberto. Lobo, Carlos Augusto da Silveira. Rosman, Luiz Alberto Colonna (coord.). **Lei das S.A. em seus 40 anos**. São Paulo: Forense, 2017. p. 590

[31] Carmona, Carlos Alberto. Parecer apresentado no âmbito do Agravo de Instrumento nº 0017198-21.2018.8.19.0000. p. 20.

reavaliação do plano de recuperação judicial aprovado pelos credores.

Eduardo Munhoz entende que o legislador concedeu aos credores maiores garantias e o fez acertadamente, reduzindo as funções do magistrado ao papel de expectador das negociações:

> A rigidez do sistema brasileiro quanto à matéria, vale observar, segue a recomendação de parte da doutrina internacional no sentido de que, em países com sistema judiciário ineficiente, a concessão de excessivo poder de barganha ao devedor pode levar a soluções contrárias ao interesse da sociedade – manutenção de empresas inviáveis -, recomendando-se, em consequência, a outorga de maior proteção ao interesse dos credores.
>
> (...)
>
> No modelo ora implantado, o juiz não exerce um papel de árbitro dos diversos interesses em jogo, capaz de decidir de acordo com o melhor interesse da sociedade, premissa adotada no modelo francês, mas confia-se na negociação direta entre os diversos titulares de interesse, observados os parâmetros definidos na lei, como modelo ideal para se encontrar a solução mais eficiente e benéfica para a sociedade.[32]

Na linha de tal interpretação, a maior parte da doutrina e da jurisprudência entende que ao poder judiciário caberia apenas um controle de legalidade da aprovação do plano, sem adentrar a aspectos econômico-financeiros ou de viabilidade.

Entretanto, é comum se deparar com casos em que a soberania da assembleia de credores é utilizada de forma equivocada. Nesse sentido, vale transcrever passagem da decisão homologatória do

[32] MUNHOZ, Eduardo Secchi. **Comentários aos artigos 55 a 69**. In: SOUZA JR., Francisco Satiro de; PITOMBO, Antonio Sérgio A. de Morais. **Comentários à Lei de Recuperacão de Empresas e Falências**. 2º ed. São Paulo: Revista dos Tribunais, 2007. p. 275 e 281.

Plano no Caso Oi, em que o princípio da soberania da assembleia de credores foi levantado para fins de justificar a desnecessidade de aprovação de determinadas matérias na esfera societária, ainda que as regras societárias dispusessem o contrário.

> Nos termos da fundamentação acima, e atento ao art. 50 da LRF, esclareço que a vontade soberana dos credores deve ser integralmente respeitada, sendo até mesmo vedada a prática de qualquer ato – seja por acionista, membro do conselho ou administrador da companhia – que tenha o fim de inviabilizar o cumprimento do plano de recuperação aprovado na forma da lei. Cabe, inclusive, ao Presidente do Conselho de Administração dar imediato e efetivo cumprimento ao plano aprovado, tão logo homologado, assegurando, dentre outras, as condições provisórias de governança corporativa e conversão de dívida em ações, conforme manifestação soberana dos credores.

De todo modo, as discussões acima descritas e, em especial, o Caso Oi parecem estar, em verdade, atrelados ao princípio (ou objetivo) da Lei de Recuperação e Falência, qual seja, a preservação da empresa viável.

5. O Princípio da Preservação da Empresa

Os ordenamentos jurídicos tutelam e compõem interesses a eles relacionados, de modo que seus conteúdos são vinculados a finalidades, diretas ou indiretas, a serem alcançadas por meio deles.[33]

No caso da Lei de Recuperação e Falência não é diferente, na medida em que sua elaboração foi guiada por determinados princípios que devem acompanhar tanto a sua interpretação quanto sua aplicação. O principal deles, seguramente, é o da

[33] Cerezetti, Sheila Christina Neder. **A Recuperação Judicial de Sociedade por Ações: O principio da preservação da empresa na Lei de Recuperação Judicial e Falência**. São Paulo: Malheiros, 2012. p. 242.

função social da empresa, traduzido, muito sinteticamente, na preocupação em preservar a atividade empresarial do devedor como fonte geradora de riquezas para a sociedade.

Com isso, afastou-se da ideia do Decreto-Lei nº 7.661/1945, em que buscava apenas o balanceamento de interesses de devedores e credores e passou a considerar os interesses de outros agentes que afetam e são afetados pela empresa.[34]

Sheila Cerezetti entende que "a entrada em vigor da Lei de Recuperação e Falência, portanto, representou uma ruptura do modelo tradicional dos procedimentos concursais brasileiros. Afastou-se o legislador da previsão de apenas um instrumento de liquidação de ativos cumulado com a possibilidade de se conceder um benefício concordatário ao devedor, passando a admitir e incentivar mecanismos especificamente destinados à recuperação empresarial."[35]

Essa ideia está traduzida no art. 47 da referida Lei, o qual possui a seguinte redação: "a recuperação judicial tem por objetivo viabilizar a superação da situação de crise econômico-financeira do devedor, a fim de permitir a manutenção da fonte produtora, do emprego dos trabalhadores e dos interesses dos credores, promovendo, assim, a preservação da empresa, sua função social e o estímulo à atividade econômica."

O art. 47 passou, então, a figurar como princípio basilar da Lei de Recuperação e Falência, e a busca por esse objetivo passou a perpassar toda a interpretação de seus dispositivos.[36]

[34] CEREZETTI, Sheila Christina Neder. **A Recuperação Judicial de Sociedade por Ações: O principio da preservação da empresa na Lei de Recuperação Judicial e Falência**. São Paulo: Malheiros, 2012. p. 335.

[35] CEREZETTI, Sheila Christina Neder. **A Recuperação Judicial de Sociedade por Ações: O principio da preservação da empresa na Lei de Recuperação Judicial e Falência**. São Paulo: Malheiros, 2012. p. 204/205.

[36] CEREZETTI, Sheila Christina Neder. **A Recuperação Judicial de Sociedade por Ações: O principio da preservação da empresa na Lei de Recuperação Judicial e Falência**. São Paulo: Malheiros, 2012. p. 206.

O dispositivo institui princípios norteadores dos procedimentos concursais e declara os interesses que devem ser protegidos quando da crise da empresa.

A lógica por trás dele decorre do entendimento de que a empresa é célula essencial da economia e cumpre relevante função social. Ao explorar a sua atividade e buscar a obtenção de lucro, promove interações econômicas com outros agentes do mercado, consumindo, vendendo, gerando empregos, pagando tributos, movimentando a economia, desenvolvendo a comunidade em que está inserida, enfim, criando riqueza e ajudando no desenvolvimento do país.[37]

A busca pelo "interesse público na preservação da empresa viável e na liquidação da empresa inviável", na lição de Eduardo Munhoz, deve resultar de um processo de negociação estruturada entre devedores e credores (*structured bargaining*), em que cabe ao Juiz – mas não exclusivamente a ele, na medida em que há uma negociação em curso – evitar situações que possam viciar esse processo ou comprometer o êxito da recuperação da empresa viável, como, por exemplo, a falta de transparência na divulgação de informações da empresa devedora ou a impugnação despropositada do credor minoritário dissidente. A verificação de tais conflitos, entretanto, depende uma análise específica de cada caso concreto.[38]

Em que pese a alteração dos princípios norteadores da legislação falimentar tenha sido positiva para considerar os diversos interesses atrelados a empresa e as suas funções na sociedade, a preservação da empresa acabou, em muitas situações, sendo utilizada como pretexto para a estruturação de instrumentos heterodoxos para lidar com os conflitos concursais.

[37] SCALZILLI, João Pedro. SPINELLI, Luis Felipe. TELLECHEA, Rodrigo. **Recuperação de empresas e falência: teoria e prática da Lei 11.101/2005.** São Paulo: Almedina, 2016. p.72/73.

[38] MUNHOZ, Eduardo Secchi. **Anotações sobre os limites do poder jurisdicional**. In: RDBMC 36, abril-junho/2007, p.191.

Desde a edição da Lei de Recuperação e Falência, já se entendia que tal princípio deveria não somente nortear a interpretação da lei, mas também prevalecer em casos de conflitos. Nesse sentido:

> Os princípios do art. 47 poderão, em casos concretos, ensejar ao juiz a possibilidade de flexibilizar certas normas para atender aos fins colimados no artigo em comento e na Constituição. (...) De forma geral, na interpretação da nova legislação pelo juiz da recuperação, os princípios ganharão destaque. Na ocorrência de omissões ou conflitos, as diretrizes do art. 47 deverão ser chamadas a participar do processo de integração da norma. Devido à completa revolução que se operou no sistema concursal, dúvidas tendem a surgir, e o legislador andou bem ao definir previamente quais os princípios que devem nortear o intérprete na superação de lacunas e na harmonização entre disposições.[39]

No mesmo sentido, Scalzilli, Spinelli e Tellechea entendem que, por se tratar de matéria multidisciplinar, de ordem eminentemente prática, em muitos casos, a solução demanda um exercício de interpretação da norma conforme os princípios da legislação e, dentro dos limites impostos pelo ordenamento, às necessidades práticas do devedor em crise. Concluem, com isso, que o art. 47 deve servir como fundamento para que sejam propostas soluções interpretativas teleológicas tendentes a preservar a empresa viável e internalizar os interesses que gravitam em torno dela.[40]

[39] WAISBERG, Ivo. WALD, Arnoldo. **Comentários ao artigo 47.** In: CORREA-LIMA, Osmar Brina, CORREA-LIMA, Sérgio Mourão (coord.). **Comentário à Nova Lei de Falência e Recuperação de Empresas.** Rio de Janeiro: Forense, 2008.

[40] SCALZILLI, João Pedro. SPINELLI, Luis Felipe. TELLECHEA, Rodrigo. **Recuperação de empresas e falência: teoria e prática da Lei 11.101/2005.** São Paulo: Almedina, 2016. p. 76/77.

Essa interpretação, então, seguiu ao longo dos mais de 10 anos de aplicação da Lei de Recuperação e Falência e foi, de certo modo, sendo ampliada. Em julgamento de um agravo de instrumento interposto contra a decisão que homologou o plano de recuperação judicial da Parmalat Holding, por exemplo, o Tribunal de Justiça de São Paulo entendeu que o princípio não somente norteia a leitura da lei, mas também prevalece em detrimento de regras expressas da lei:

> (...) a preservação da empresa é o maior princípio da Lei n. 11.101/2005, não se olvidando que os princípios têm peso e densidade, devendo ser mensurados. Violar um princípio é mais grave do que violar uma regra, mercê do que, havendo conflito entre o princípio e uma regra, o juiz deve dar prevalência ao princípio.[41]

A busca pela preservação da empresa, contudo, deve vir acompanhada de uma análise crítica da viabilidade econômico-financeira da empresa. Em muitos casos, utiliza-se do princípio da preservação da empresa como pretexto para atropelar direitos, não somente societários, mas também da própria legislação falimentar, e aprovar um plano que não seria aprovado em situações normais ou que permite a manutenção de empresa inviável pelo temor exacerbado da falência existente no Brasil.

Ricardo Tepedino entende ser um equívoco ou grande exagero tal temor da falência, uma vez que é um fato natural na existência da empresa. Pondera que, em muitas situações, manter uma empresa artificialmente viva que perdeu condições de operar é danosa, pois "o conjunto de bens que a compõem na liquidação poderia passar para mãos que com ele retomariam a atividade empresarial, garantindo empregos, circulação de

[41] Tribunal de Justiça do Estado de São Paulo. Agravo de Instrumento nº 461.740-4/-00. Câmara Especial de Falências e Recuperações Judiciais de Direito Privado. Rel. Des. Pereira Calças. j. 28 de fevereiro de 2007.

riquezas e arrecadação tributária, ao invés de remanescer inativo, deteriorando-se."[42]

É certo que, como visto, a interpretação da Lei de Recuperação e Falência deve ter como tônica a preservação da empresa, uma vez que esta foi a motivação verificada na elaboração da lei e positivada em diversos de seus artigos, sobretudo o art. 47. Entretanto, pondera-se se não haveria uma utilização exagerada de tal mote para permitir situações que, pela letra estrita da lei, não seriam permitidas. Sobre o tema, Ricardo Tepedino pondera o seguinte:

> Em realidade, o que aqui se dá combate é o subversivo emprego de um princípio de direito para se derrogar normas que o aplicador da lei reputa inconvenientes à realização de seu sentimento de justiça, substituindo a vontade da lei pela sua, num julgamento por equidade que o direito só admite em hipóteses excepcionais, e que, como alertava Caio Mário, costuma revelar 'tendências legiferantes do julgador, que, pondo de lado o seu dever de aplicar o direito positivo, com ela acoberta sua desconformidade com a lei'.[43]

No Caso Oi, especificamente, o princípio da preservação da empresa foi utilizado para embasar basicamente todas as decisões proferidas pelo Juízo da Recuperação em relação à postura dos acionistas minoritários e administradores.

[42] TEPEDINO, Ricardo. **O Direito Societário e a Recuperação Judicial.** In: VENANCIO FILHO, Alberto. LOBO, Carlos Augusto da Silveira. ROSMAN, Luiz Alberto Colonna (coord.). **Lei das S.A. em seus 40 anos**. São Paulo: Forense, 2017. p. 591/592

[43] TEPEDINO, Ricardo. **O Direito Societário e a Recuperação Judicial.** In: VENANCIO FILHO, Alberto. LOBO, Carlos Augusto da Silveira. ROSMAN, Luiz Alberto Colonna (coord.). **Lei das S.A. em seus 40 anos**. São Paulo: Forense, 2017. p. 596

Diante do exposto, entende-se que a Lei de Recuperação e Falência deve ser interpretada sob a ótica da preservação da empresa, a qual deve nortear toda a leitura de seus dispositivos e situações práticas. No entanto, cabe aos agentes do processo de recuperação judicial – incluindo neste rol o juiz – a tarefa de regular juridicamente a liquidação ou reorganização econômico-financeira de uma empresa segundo uma lógica de mercado.

Nesse sentido, o princípio da preservação da empresa não pode ser adotado como pretexto para se derrogar direitos de acionistas e administradores, que, agindo dentro da regularidade, interferiram de alguma forma na negociação e implementação do plano de recuperação judicial.

Conclusão

Diante de todo o exposto, a conclusão a que se chega é que a inter-relação entre o direito societário e a recuperação judicial é verificada em inúmeras situações.

Constatou-se que, apesar de não existir uma subordinação formal da Lei de Recuperação Judicial e Falência sobre a Lei das S.A., o princípio da preservação da empresa é a tônica para a intepretação da lei e, em muitas situações, é utilizado como argumento para derrogar direitos dos acionistas.

Entende-se, contudo, que ambos os sub-sistemas poderiam conviver harmonicamente. Não há, nos respectivos ordenamentos, disposições conflitantes que resultem na necessidade de determinados direitos serem derrogados para que outros permaneçam hígidos e, com isso, não deveria haver uma escolha do juízo responsável pela recuperação judicial entre o direito dos credores e o direito dos acionistas.

O procedimento de recuperação judicial deveria atender ou compatibilizar os diversos interesses envolvidos e prejudicados pelo processo e suas normas dão lastro para tal convívio harmônico.

De todo modo, o que se verifica, de forma bastante emblemática no Caso Oi, mas também nos casos Daslu e Renuka, é um entendimento a favor da prevalência da Lei de Recuperação Judicial e Falência sobre os direitos dos acionistas, que são derrogados de forma discricionária, causando enorme insegurança jurídica e incerteza aos investidores.

É certo que ambos os sub-sistemas trazem em suas regras mecanismos para coibir condutas patológicas dos acionistas e administradores, com procedimentos específicos para o seu afastamento ou suspenção de seus direitos. Assim, por exemplo, caso se verifique que os acionistas ou administradores estão agindo de forma dolosa em prejuízo do processo de recuperação judicial, a Lei de Recuperação e Falência traz meios para isso ser enfrentado, essencialmente a partir de seu afastamento.

Reconhece-se que, em determinadas situações, a busca pela conciliação dos diversos interesses pode, de fato, prejudicar o andamento do processo de recuperação judicial, sem que seja verificado qualquer ilegalidade ou situação patológica. Entretanto, ainda nessas situações, entende-se que a derrogação dos direitos dos acionistas, sob o mote da preservação da empresa, deveria ser tratada de forma minuciosa e específica, com a indicação de quais as situações em que isso poderia ocorrer, como, por exemplo, em casos de recusa injustificada para aprovação de medidas previstas em planos de recuperação judicial ou situações de claro tumulto ou resistência para as negociações do plano. Com isso, seria criado um ambiente de maior segurança para os investidores e o mercado em geral, e seriam evitadas decisões discricionárias que, por isso mesmo, soam como uma afronta abusiva à lei e aos documentos societários.

Referências

Livros, artigos e pareceres

AMORIM, Pedro Henrique Vizotto. **Análise de julgado: o conflito entre a supremacia dos preceitos constitucionais, principiológicos e legais e a soberania da Assembleia Geral de Credores na recuperação judicial.** In: Revista de Direito Bancário e do Mercado de Capital, ano 16, n.o 59, janeiro-março de 2013, p. 407/424.

ANDRIGHI, Fátima Nancy. BENETI, Sidnei. ABRÃO, Carlos Henrique (coords.). **10 anos de vigência da lei de recuperação e falência (Lei nº 11.101/2005): retrospectiva geral contemplando a Lei n. 13.043/2014 e a lei Complementar n. 147/2014.** São Paulo: Saraiva, 2015.

AYOUB, Luiz Roberto; CAVALI, Cássio. **A construção jurisprudencial da Recuperação Judicial de Empresas.** Rio de Janeiro: Editora Forense, 2013.

BEZERRA FILHO, Manoel Justino. **Nova Lei de Recuperação e Falências comentada.** 3ª edição. São Paulo: Editora RT, 2005.

BRANCO, Gerson Luiz Carlos. **O poder dos credores e o poder do juiz na falência e na recuperação judicial.** Revista dos Tribunais, nº 936, São Paulo, outubro de 2013.

CAMPINHO, Sérgio. **Falência e Recuperação de Empresa: o Novo Regime da Insolvência Empresarial.** 7ª edição. Rio de Janeiro: Renovar, 2015.

CARMONA, Carlos Alberto. Parecer apresentado no âmbito do Agravo de Instrumento nº 0017198-21.2018.8.19.0000

CASTRO, Rodrigo R. Monteiro de. ARAGÃO, Leandro Santos de (coord.). **Direito Societário e a Nova Lei de Falências e Recuperação de Empresas.** São Paulo: Quartier Latin, 2006.

CEREZETTI, Sheila Christina Neder. **A Recuperação Judicial de Sociedade por Ações: O principio da preservação da empresa na Lei de Recuperação Judicial e Falência.** São Paulo: Malheiros, 2012.

CEREZETTI, Sheila Christina Neder. MAFFIOLETTI, Emanuelle Urbano. **Dez anos da Lei nº 11.101/2005: estudos sobre a lei de recuperação e falência.** São Paulo: Almedina, 2015.

CORREA-LIMA, Osmar Brina, CORREA-LIMA, Sérgio Mourão (coord.). **Comentário à Nova Lei de Falência e Recuperação de Empresas.** Rio de Janeiro: Forense, 2008.

COSTA, Daniel Carnio. **Reflexões sobre Recuperação Judicial de Empresas: Divisão Equilibrada de ônus e Principio da superação do Dualismo Pendular.** In: Revista do Instituto Brasileiro de Administração Judicial – IBAJUD, 20 de marco de 2014.

De Lucca, Newton. **Comentários à Nova Lei de Recuperação de Empresas e de Falências (coord. Adalberto Simão Filho).** São Paulo: Quartier Latin, 2005.

De Lucca, Newton. Domingues, Alessandra de Azevedo (coord.). **Direito Recuperacional: Aspectos teóricos e práticos**. São Paulo: Quartier Latin, 2009.

Eizirik, Nelson. **A Lei das S/A Comentada**. 4 volumes. 2ª Edição. São Paulo: Quartier Latin, 2015.

Elias, Luis Vasco (coord.). **10 Anos da Lei de Recuperação de Empresas e Falências: Reflexões sobre a Reestruturação Empresarial no Brasil.** São Paulo: Quartier Latin, 2015.

Gardino, Adriana Valéria Pugliesi. **Direito Falimentar e preservação da empresa**. São Paulo: Quartier Latin, 2013.

Machado, Rubens Approbato. **Comentários à nova lei de recuperação e falência de empresas: doutrina e prática**. São Paulo: Quartier Latim, 2005.

Moreira, Alberto Camiña. **Poderes da Assembleia de Credores, do Juiz e atividade do Ministério Público**. In: **Direito Falimentar e Nova Lei de Falências e Recuperação de Empresas (coord. Luiz Fernando Valente de Paiva).** São Paulo: Quartier Latin, 2005, p. 248 e ss.

Munhoz, Eduardo Secchi. **Anotações sobre os limites do poder jurisdicional**. In: RDBMC 36, abril-junho/2007.

Perin Junior, Ecio. **Preservação da empresa na Lei de Falência.** São Paulo: Saraiva, 2009.

Scalzilli, João Pedro. Spinelli, Luis Felipe. Tellechea, Rodrigo. **Recuperação de empresas e falência: teoria e prática da Lei 11.101/2005.** São Paulo: Almedina, 2016.

Souza Junior, Francisco Satiro de. Pitombo, Antonio Sérgio A. De Moraes (coords). **Comentários à Lei de recuperação de empresas e falência: Lei 11.101/2005 – artigo por artigo.** 2ª ed. São Paulo: Revista dos Tribunais, 2007.

Tepedino, Ricardo. **O Direito Societário e a Recuperação Judicial.** In: Venancio Filho, Alberto. Lobo, Carlos Augusto da Silveira. Rosman, Luiz Alberto Colonna (coord.). **Lei das S.A. em seus 40 anos**. São Paulo: Forense, 2017. p. 585-599.

Toledo, Paulo F. C. Salles de. Abrão, Carlos Henrique (coord.). **Comentários à Lei de Recuperação de Empresas e Falência**. São Paulo: Saraiva, 2007.

Waisberg, Ivo. Rezende, Horácio Halfeld. **Temas de Direito da Insolvência: Estudos em homenagem ao Professor Manoel Justino**. São Paulo: Editora RT, 2005.

Julgados

Superior Tribunal de Justiça. Conflito de Competência nº 157.099/RJ. Rel. Min. Marco Buzzi. Segunda Seção. j. 08 de março de 2018.

Superior Tribunal de Justiça. Recurso Especial nº 1.359.311. Quarta Turma. Rel. Min. Luis Felipe Salomão. J. 09 de setembro de 2014.

Tribunal de Justiça do Estado de São Paulo. Agravo de Instrumento nº 0154311-66.2011.8.26.0100. Câmara Reservada à Falência e Recuperação do Tribunal de Justiça de São Paulo. Relator Pereira Calças. j. 24 de janeiro de 2012.

Tribunal de Justiça do Estado do Rio de Janeiro. Agravo de Instrumento nº 0017198-21.2018.8.19.0000. 8ª Câmara Cível. Relator Des. Mônica Maria Costa.

Tribunal de Justiça do Estado de São Paulo. Agravo de Instrumento nº 2257715-26.8.26.0000. 2a Câmara Reservada de Direito Empresarial. Rel. Des. Alexandre Marcondes. j. 19 de dezembro de 2016.

Tribunal de Justiça do Estado de São Paulo. Agravo de Instrumento nº 461.740-4/-00. Câmara Especial de Falências e Recuperações Judiciais de Direito Privado. Rel. Des. Pereira Calças. j. 28 de fevereiro de 2007.

Aplicabilidade da Lei n. 13.303/16 às Sociedades Privadas: Regras de Eleição de Administradores

Gabriel Gustavo de Camargo

Introdução

É cediço que, por conta de sua natureza, as empresas estatais e de economia mista possuem certas limitações quanto ao relevante aspecto da governança corporativa. A regulamentação do art. 173, §1º, da Constituição Federal, ocorreu enquanto o país atravessava acentuada crise financeira e política, talvez a maior de nossa história, em tempos onde restou claro a desmedida utilização das empresas públicas para satisfação dos interesses de agentes públicos e partidos políticos, seguindo sempre a mesma mecânica de eleger administradores e diretores comprometidos com as causas de quem os indicou, utilizando o capital da empresa com o intuito de financiar projetos particulares.

Observando a situação, além também de certa pressão popular, entendeu o legislador ser prudente e necessário editar um diploma legal que regulamentasse aquilo trazido pela Carta Federal há quase 30 anos atrás.

Com tal pano de fundo, é editada a Lei n. 13.303 de 30 de junho de 2016, denominada por parte da doutrina como "Lei de Responsabilidade das Estatais" ou "Lei das Estatais" (Lei das Estatais), destinada à estabelecer o estatuto jurídico das empresas públicas, das sociedades de economia mista e de suas subsidiárias, objetivando, primordialmente, resgatar a credibilidade do Estado no exercício da atividade econômica.

Em suma, a lei buscou estar alinhada às boas práticas de governança corporativa já abordadas por outros órgãos, tais como o Instituto Brasileiro de Governança Corporativa (IBGC) e nos níveis de governança da B3 S.A. – Brasil, Bolsa, Balcão.

A referida lei trata inúmeras matérias, como por exemplo os novos procedimentos para realização do processo licitatório, regras para realização de obras e serviços públicos, aquisição e alienação de bens e serviços pelas empresas estatais, meios de formalização de contratos, práticas de gestão de riscos, *compliance* e controles internos, dedicando um capítulo exclusivo, o capitulo II, para tratar do regime societário das empresas públicas e das sociedades de economia mista.

A nova norma estabeleceu regras que exigem qualificação técnica e restringem a utilização de critérios políticos na escolha de diretores e integrantes da administração das empresas públicas e sociedades de economia mista, bem como suas subsidiárias.

A celeuma que este trabalho pretende explorar se refere à aplicabilidade da Lei das Estatais para indicação e eleição de administradores nas sociedades privadas nas quais existam capital público participante que não detenha o poder de controle sob ela.

A Lei das Estatais expressamente consignou sua aplicabilidade a toda e qualquer empresa pública e sociedade de economia mista da União, dos Estados, do Distrito Federal e dos Municípios, bem como suas subsidiárias.

Em razão disso, verifica-se neste pequeno período de tempo em que a lei se encontra em vigor, que há divergência quanto a interpretação e aplicação do capítulo II, em especial quanto à extensão das regras de eleição de administradores nas companhias privadas com participação societária de capital público, ou se deveriam ser aplicadas apenas as já existentes regras de direito privado.

Constata-se essa situação por conta do recente posicionamento da Comissão de Valores Mobiliários (CVM) em processos administrativos que discutiam a aplicação das novas regras na indicação de membros para compor a administração de sociedades de capital privado, mas que possuíam como acionistas empresas públicas ou sociedades de economia mista.

Neste sentido, realizando a necessária imersão nos conceitos de direito administrativo e societário, o presente trabalho investigará a possibilidade de extensão da aplicação dos requisitos estabelecidos pela Lei das Estatais também para as empresas privadas, nas quais as empresas públicas ou as sociedades de economia mista apenas possuam participação minoritária, sem deter o efetivo poder de controle.

1. Intervenção na Ordem Econômica pelo Estado Brasileiro

1.1. Breves Contornos Históricos

Inicialmente, relegada à condição política de colônia, a economia brasileira encontrava um sólido entrave com o resto do mundo: o seu então governo central português. Todas as exportações nacionais e intercâmbios oficiais exigiam a passagem pela burocracia de Lisboa, tal qual também ocorria com todas as importações.

A partir da transição para as terras americanas da corte real portuguesa e a 'nacionalização' do governo central, que teve início em janeiro de 1808, o Estado brasileiro iniciou o seu processo de grande intervenção na economia local[1].

[1] "As primeiras estatais foram o Serviço Postal (1663) e a Casa da Moeda da Bahia (1694). Com a vinda de D. João VI para o Brasil, outras estatais foram estabelecidas, incluindo o Banco do Brasil, a Imprensa Régia e a Real Fábrica de Ferro de São João de Ipanema. Outras poucas estatais seriam ainda criadas

No mesmo ano em que a família real desembarcou na província, fugindo do cerco francês em Lisboa, o Rei D. João VI abriu os portos às 'nações amigas', reduzindo consideravelmente a carga de impostos dos produtos britânicos, o que acabou por restringir consideravelmente a arrecadação tributária. Em razão desse déficit, foi criado o Banco do Brasil, inicialmente utilizado pela Coroa para imprimir papel moeda sem lastro, visando sustentar a corte.

A trilha da história da intervenção na economia pelo Estado brasileiro, por meio de criação de empresas públicas, seguiu de forma não tão acentuada, até o início do século XX.

Durante a "Era Vargas" (1930-1945), e os anos que se seguiram, o Estado foi um dos principais agentes econômicos do Brasil. Em 1934, foi criado o Departamento Nacional de Produção Mineral e, durante o Estado Novo (1937-1946), foram criados o Conselho Nacional do Petróleo (1938), a Companhia Siderúrgica Nacional (1941) e a mineradora Vale do Rio Doce (1943). Em 1954, nasce a Petróleo Brasileiro S.A. – PETROBRAS, sob forte clamor nacionalista. Sob a batuta do regime militar (1964-1985) a presença do governo federal, por meio de estatizações e criações de novas estatais, se tornou dominante[2].

durante o Império e a República Velha, a maior parte caixas econômicas e ferrovias". (PINHEIRO, Armando Castelar. **Privatização no Brasil: Por quê? Até onde? Até quando?.** Rio de Janeiro. 1999, p. 150. Disponível em: <http://web.bndes.gov.br/bib/jspui/handle/1408/11317>. Acesso em: 1º mai. 2018)

[2] Em apenas três anos, a instância central de poder passou a abocanhar uma fatia da riqueza nacional 43% maior. [...] Antes de 1964, apesar de o setor público federal ser relativamente modesto, o governo tinha uma empresa monopolista no setor de petróleo (a Petrobras), financiada por impostos gerais; tornara-se operador da maior parte das ferrovias com a criação da Rede Ferroviária Federal; controlava a maior mineradora, Companhia Vale do Rio Doce, a maior siderúrgica (a Companhia Siderúrgica Nacional) e os maiores bancos (Banco do Brasil, Banco Nacional de Desenvolvimento Econômico, Caixa Econômica Federal); comprava com poderes monopolistas as produções agrícolas

Com a ruptura do antigo modelo político, a atual Constituição Federal elevou a livre concorrência ao patamar de fundamento da economia brasileira[3]. Coerentemente com tal princípio, o art. 173[4] determina que a exploração direta da atividade econômica compete ao setor privado, admitindo-se, em caráter excepcional, a atuação do Estado.

Note-se, porém, que o próprio texto constitucional traz a ressalva com relação aos "casos previstos nesta Constituição". Isso significa que ela própria já estabelece as exceções à regra geral, notadamente nos casos dos bens tratados no art. 176 e nos monopólios elencados no art. 177.

A partir de 1990, a intervenção estatal começa a ser tolhida com as privatizações, levadas a cabo pelo governo federal.

Apesar do texto constitucional, a princípio, relegar ao particular a exploração da atividade econômica, é certo que o Estado, em que pese o grande número de privatizações e concessões realizadas desde então, permanece ainda mantendo o monopólio[5] em algumas áreas, com ramificações gigantescas na econo-

exportáveis, sobretudo a do café. E, como conseguiu muito dinheiro novo, tratou de ampliar a atuação como empresário, criando a Telebrás (telecomunicações), a Eletrobrás (energia elétrica) e a Sidebrás (siderúrgica). Antes de 1964 havia 12 estatais; em três anos tornaram-se 44. (CALDEIRA, Jorge. **História da riqueza no Brasil**. Rio de Janeiro: Estação Brasil, 2017, pp. 558-559).

[3] Art. 170. A ordem econômica, fundada na valorização do trabalho humano e na livre iniciativa, tem por fim assegurar a todos existência digna, conforme os ditames da justiça social, observados os seguintes princípios:

[...]

IV – livre concorrência;

[4] Art. 173. Ressalvados os casos previstos nesta Constituição, a exploração direta de atividade econômica pelo Estado só será permitida quando necessária aos imperativos da segurança nacional ou a relevante interesse coletivo, conforme definidos em lei.

[5] A título de exemplo, podemos citar a decisão do Supremo Tribunal Federal, na ADPF 46, que, por 6x4, reconheceu a recepção dos dispositivos da Lei n. 6.538/78 pela Constituição Federal e, nesse sentido, o monopólio dos Correios

mia, por meio das empresas públicas, sociedades de economia mista e suas subsidiárias.

1.2. Modalidades de Intervenção pelo Estado na Atividade Econômica

Compete ao Estado, segundo determina a Constituição Federal, o exercício de função de caráter eminentemente supletivo na atividade econômica, cabendo ao particular a exploração direta e atuação do Poder Público apenas quando necessário aos imperativos da segurança nacional ou o relevante interesse coletivo.

Cumpre, ainda, ao Estado, de acordo com o art. 174[6], exercer o papel de agente regulador e normativo da atividade econômica.

De acordo com os ensinamentos do Ministro Luis Roberto Barroso, o Estado, portanto, atua e intervém no domínio econômico por meio de três vertentes: (i) do fomento, pelo qual propicia condições de desenvolvimento mediante concessão de financiamento, fornecimento de infraestrutura, isenção de tributos e etc.; (ii) da disciplina, impondo limitações de acordo com os interesses coletivos; e (iii) da atuação direta, sendo o próprio agente que explora a atividade econômica[7].

para as correspondências pessoais (BRASIL. Supremo Tribunal Federal. Violação dos princípios da livre concorrência e da livre iniciativa. ADPF 46. ABRAED – Associação Brasileira das Empresas de Distribuição e Empresa Brasileira de Correios e Telégrafos – ECT. Relator: Ministro Eros Grau. Brasília, 05 ago. 2009. Disponível em: <http://redir.stf.jus.br/paginadorpub/paginador.jsp?docTP=AC&docID=608504>. Acesso em 30 abr. 2018.

[6] Art. 174. Como agente normativo e regulador da atividade econômica, o Estado exercerá, na forma da lei, as funções de fiscalização, incentivo e planejamento, sendo este determinante para o setor público e indicativo para o setor privado.

[7] Barroso, Luís Roberto. **A ordem econômica constitucional e os limites à atuação estatal no controle de preços.** In Revista de Direito da Associação de Procuradores do Novo Estado do Rio de Janeiro: Direito da Regulação, v. XI, coord. Alexandre dos Santos de Aragão, Rio de Janeiro: Lumen Iuris, 2002, p. 58.

Considerando que o presente estudo tem como escopo a análise de eventual aplicação da Lei das Estatais às sociedades privadas, em especial a respeito da observância dos requisitos para indicação dos membros dos órgãos de administração das companhias, mostra-se relevante examinar mais detidamente como o Estado instrumentaliza a sua intervenção direta na atividade econômica.

1.3. Atuação Direta

A forma de intervenção direta[8] pressupõe que o Estado atuará na qualidade de agente econômico, despindo-se, ao menos em tese, da função de regulador e fomentador do mercado.

A atuação direta depende, porém, da observância de dois critérios constitucionais autorizadores: a segurança nacional e o interesse coletivo. O primeiro remete a hipótese relativa à situação estratégica que, nas mãos da iniciativa privada, poderia deixar o País em situação de vulnerabilidade, enquanto o segundo critério pressupõe que o Estado somente atuará naquelas atividades definidas pelo Poder Legislativo como de interesse coletivo[9].

Para atuação como agente econômico, o Estado pode agir tanto em regime de monopólio – neste caso, o constituinte estabeleceu em quais atividades[10] econômicas caberia ao Estado atuar sem a concorrência de particulares (de acordo com o interesse público) –, quanto sob o regime de competição.

[8] O art. 2º da Lei n. 13.303/16 é categórico ao afirmar que, sob a forma direta de intervenção, caberá ao Estado a exploração da atividade econômica por meio de empresa pública, sociedade de economia mista e de suas subsidiárias.

[9] NEVES, Antônio Francisco Frota; SANTANA, Hector Valverde. **A intervenção direta e indireta na atividade econômica em face da ordem jurídica brasileira**. Rev. Bras. Polít. Públicas (Online), Brasília, v. 7, nº 2, 2017 p. 332. Disponível em: < https://publicacoes.uniceub.br/RBPP/article/download/4582/pdf >. Acesso em: 02 mai. 2018.

[10] Tais atividades encontram-se arroladas no art. 177 da Constituição Federal.

Concorrendo ou não com os agentes privados, a atuação direta do Estado será instrumentalizada por meio de sociedades empresárias, sejam elas empresas públicas, sociedades de economia mista ou suas subsidiárias.

Neste comenos, o Estado, ao agir como um agente econômico, por meio das sociedades constituídas, não guardará qualquer privilégio que seja a ele assegurado como um ente público, sendo certa a sua submissão aos direitos e ônus comuns ao particular, estabelecendo, assim, uma relação, ao menos aparente, de equilíbrio com o capital privado, conforme ratifica o § 2º, do art. 173, da CF[11].

Para a instituição de empresa pública ou sociedade de economia mista, a Constituição Federal, em seu art. 37, inciso XIX, exige a autorização de lei específica, cabendo ao Chefe do Poder Executivo emitir Decreto dispondo sobre os atos constitutivos destas sociedades. A criação terá sido finalizada após o respectivo registro e arquivamento dos atos constitutivos na Junta Comercial ou no Cartório de Registro de Pessoas Jurídicas competente, conforme espécie societária, tal qual ocorre com qualquer pessoa jurídica privada[12].

Visando regulamentar a disciplina do "estatuto jurídico da empresa pública, sociedade de economia mista e de suas subsidiárias que explorem atividade econômica de produção ou comercialização de bens ou de prestação de serviços", de acordo com o disposto pelo § 1º, do art. 173, da Constituição Federal, com redação dada pela Emenda Constitucional nº 19/98, foi editada a Lei das Estatais, e, posteriormente, o Decreto nº 8.945/16, para sua regulamentação.

[11] Art. 173. [...] § 2º As empresas públicas e as sociedades de economia mista não poderão gozar de privilégios fiscais não extensivos às do setor privado.
[12] NEVES, op. cit., p. 335.

2. Lei das Estatais

2.1. A Criação da Lei das Estatais

Considerando que todo o arcabouço legal até então existente no Brasil[13] não se mostrava suficiente e adequado à realidade político-econômica nacional[14], houve por bem o legislador editar uma norma capaz de instituir regras que evitassem, ou ao menos restringissem, a influência da vontade política e ilícita de um agente externo nas empresas estatais, protegendo ou diminuindo sua exposição a riscos não atrelados à sua correspondente atividade econômica.

Iniciada por conta de apuração e persecução de formação de cartéis em postos de combustíveis, a Operação Lava-Jato acabou por desembocar na investigação de práticas abusivas dentro da Petrobras, mediante relevante envolvimento dos agentes políticos e operações fraudulentas perpetradas pelos administradores da estatal. Descortinadas as fraudes e desvios – provavelmente ainda não todos – levados a cabo por seus admi-

[13] Em breve síntese sobre o histórico legislativo do tema, o Congresso Nacional, em 30 de nov. 2000, ratificou a Convenção sobre o Combate da Corrupção de Funcionários Públicos Estrangeiros em Transações Comerciais internacionais, da OCDE, concluída em Paris, em 17 de dez. 1997 (Decreto n. 3678/00); a legislação pátria recepcionou a Convenção Interamericana Contra a Corrupção, da OEA (Decreto n. 4.410/02); por meio do Decreto Presidencial n. 5.687/06, foi incorporada na legislação nacional a Convenção das Nações Unidas contra a Corrupção; recentemente, foi promulgada a Lei n. 12.846/13, também denominada de Lei Anticorrupção (LAC); dentre outros diplomas legais que regulam essa matéria.

[14] Até a edição da 'Lei das Estatais', é possível citar os seguintes diplomas legais como os mais relevantes dentro do nosso sistema normativo sobre o tema: Lei n. 8.666/1993, que instituiu normas para licitações e contratações pela Administração Pública; Lei n. 10.520/2002, que instituiu a modalidade de licitação denominada pregão; Lei n. 12.232/2010, que dispõe sobre normas gerais para licitação e contratação pela Administração Pública de serviços de publicidade; e Lei n. 12.462/2011, que instituição o Regime Diferenciado de Contratações Públicas – RDC.

nistradores, à Petrobras não restou outra saída a não ser registrar no ano de 2015 um inimaginável prejuízo de R$ 34,9 bilhões[15].

Não foi outra a sorte da Eletrobrás, que reconheceu em seu balanço perdas de mais de R$ 300 milhões[16], por meio de documento entregue à *Securities Exchange Commission* (responsável por regular o mercado norte-americano de ações), apuradas em razão de investigações internas relativas à Operação Lava-Jato.

Conforme observam FRANCISCO SCHERTEL MENDES e VINICIUS MARQUES DE CARVALHO, os danos e prejuízos são enormes e vão além do âmbito das empresas envolvidas:

> Os impactos econômicos da situação vão muito além. Conforme aponta estudo desenvolvido pela FGV, espera-se uma perda de 89 bilhões à produção econômica anual brasileira pela estagnação das atividades da Petrobras em decorrência das investigações da Lava Jato. A proporção da operação Lava Jato não encontra precedentes no cenário jurídico brasileiro. Desde sua deflagração até janeiro de 2017, segundo dados divulgados pelas autoridades, houve aproximadamente 1.434 procedimentos instaurados, 730 mandados de busca e apreensão e 197 mandados de condução coercitiva, acumulando 79 prisões preventivas, 103 prisões temporárias e 6 prisões em flagrante. No total, 120 condenações criminais decorrentes das investigações chegam a gerar penas que, em seu conjunto, ultrapassam 1.257 anos de prisão.[17]

[15] Cf. "Petrobras registra prejuízo de R$ 34,9 bilhões em 2015" <http://www.valor.com.br/empresas/4491820/petrobras-registra-prejuizo-de-r-349-bilhoes-em-2015> Acesso em: 10 mai. 2018.

[16] Cf. "Eletrobras admite perdas de mais de R$ 300 milhões com corrupção" <http://www.dw.com/pt-br/eletrobras-admite-perdas-de-mais-de-r-300-milh%C3%B5es-com-corrup%C3%A7%C3%A3o/a-36020476> Acesso em: 10 mai. 2018.

[17] CARVALHO, Vinicius Marques de; MENDES, Francisco Schertel. **Compliance concorrência e combate à corrupção.** São Paulo: Trevisan, 2017, p. 25.

Percebeu-se, desta maneira, que os diplomas legais existentes, destinados à normatizar procedimentos e formas de contratações com a administração pública e suas empresas ou subsidiárias, não conseguiam conter um elemento essencial no funcionamento de qualquer companhia: a pessoa ou o grupo de pessoas responsáveis pela tomada das decisões.

A mecânica, com alguns ajustes casuísticos, era sempre a mesma: nas mais diversas vezes, o responsável pela tomada de decisão entabulava com outro agente econômico contratos, por meio de licitação ou não, que aparentemente cumpriam os requisitos legais então vigentes, mas que, na verdade, destinavam-se a seus interesses particulares, contrariando absolutamente todos os princípios jurídicos básicos que devem fundamentar a gestão da coisa pública, delineados no art. 37 da CF[18].

A esse propósito, ALÉCIA PAOLUCCI NOGUEIRA BICALHO observa que os desvios ocorridos na Petrobras não podem ser atribuídos exclusivamente às contratações questionáveis firmadas pela estatal, mas, sim, à gestão deficiente da Companhia[19].

Não se olvida estarmos diante de regramento legal ansiado há muito pela sociedade e que teve como objetivo trazer para as empresas estatais regras e conceitos de governança corporativa já comprovadamente sedimentados em outras entidades da Administração Pública direta ou centralizada.

[18] Art. 37. A administração pública direta e indireta de qualquer dos Poderes da União, dos Estados, do Distrito Federal e dos Municípios obedecerá aos princípios da legalidade, impessoalidade, moralidade, publicidade e eficiência e, também, ao seguinte: (...)

[19] BICALHO, Alécia Paolucci Nogueira. **Lei de Responsabilidade das Estatais: Fomento e Perspectivas às Estatais Prestadoras de Serviço Público de Saneamento Básico.** Revista de direito administrativo contemporâneo. V. 27 (novembro-dezembro 2016), 2016. Disponível em: http://www.mpsp.mp.br/portal/page/portal/documentacao_e_divulgacao/doc_biblioteca/bibli_servicos_produtos/bibli_boletim/bibli_bol_2006/RDAdmCont_n.27.10.PDF. Acesso em: 05 mai. 2018.

Nesse diapasão, como a atividade legislativa não inova – ela decorre da observação da evolução da sociedade onde ela se insere – a Lei das Estatais veio à *lume* após a nação ter ciência dos nababescos prejuízos imputados às empresas estatais, conforme ensina o saudoso MESTRE CARLOS MAXIMILIANO:

> [...] o Direito não se inventa; é um produto lento da evolução, adaptado ao *meio*; [...] O autor aparente da norma positiva apenas assimila, aproveita e consolida o que encontra no país e, em pequena parte, entre povos do mesmo grau de civilização. Consiste o Direito atual em reproduções, ora integrais, ora ligeiramente modificadas, de preceitos preexistentes.[20]

Analisando o cenário acima descrito, o diploma legal responsável pela regulamentação do art. 173 da CF, dentre outras diversas disposições, prevê a necessidade imperativa de adequação dos administradores das empresas estatais às regras de governança corporativa, mediante a adoção de um modelo de gestão eficiente e de anticorrupção.

O exame da exposição de motivos da lei demonstra claramente que a intenção do legislador era de estabelecer padrões de ética e governança às empresas estatais, afastando a vontade nefasta do responsável pela indicação da condução dos negócios da empresa, senão vejamos:

> Não é admissível que um grupo de empresas tão importante não esteja submetido, pela lei, aos mais rigorosos, padrões de ética, eficiência e governança corporativa. É preciso agir, para evitar o impacto que condutas indevidas a que aquelas empresas estão expostas – em virtude de sua dimensão – podem redu-

[20] MAXIMILIANO, Carlos. **Hermenêutica e aplicação do direito**. Rio de Janeiro: Forense, 2005, p. 112.

zir em enorme contingente de empregados e colaboradores em geral.[21]

Nesse contexto sócio-político, traz a nova norma regras de transparência na gestão das empresas, estabelecendo mecanismos de governança corporativa, ao mesmo passo em que incrementa a obrigatoriedade de divulgação de informações, institui a necessidade de um código de conduta, estabelece regras específicas para contratos e licitações, reforça as formas de fiscalização pelo Estado, regula o funcionamento dos Conselhos e, por fim, impõe a observância de requisitos técnicos e detalhados para a nomeação dos dirigentes das corporações.

2.2. Âmbito de Aplicação

A própria denominação atribuída por grande parte da doutrina à Lei das Estatais já traz em si uma ideia macro de quais pessoas a ela estão sujeitas; notadamente as empresas que, embora pertencentes à Administração Pública, sob forma descentralizada ou indireta, detêm personalidade jurídica eminentemente de direito privado ou têm o seu capital total ou preponderantemente de titularidade do Estado.

De acordo com o seu preâmbulo, a lei "dispõe sobre o estatuto jurídico da empresa pública, da sociedade de economia mista e de suas subsidiárias, abrangendo toda e qualquer empresa pública e sociedade de economia mista da União, dos Estados, do Distrito Federal e dos Municípios que explore atividade econômica de produção ou comercialização de bens ou de prestação de serviços, ainda que a atividade econômica esteja

[21] Exposição de motivos da Lei nº 13.303/16 apud BRASIL. Comissão de Valores Mobiliários. Interrupção do Prazo de Convocação de Assembleia – Interessada: Light S.A. Processo Administrativo CVM nº 19957.008923/2016-2. Relator: Henrique Balduino Machado Moreira. Brasília, DF, 27 de dez. de 2016. Brasília: DOU, p. 11.

sujeita ao regime de monopólio da União ou seja de prestação de serviços públicos."

MARÇAL JUSTEN FILHO define que o objetivo maior da Lei das Estatais é aplicar nas empresas estatais todas as práticas já consagradas no setor privado, tornando-as mais eficientes e inserindo regras de governança corporativa e práticas de anticorrupção[22].

Fica evidente, ao observar tal conjuntura, que o novo estatuto jurídico tem como sujeitos ou destinatários as empresas públicas e sociedades de economia mista, consideradas também as suas subsidiárias, assim definidas na própria norma em comento.

Quanto ao âmbito de sua aplicação, a discussão se instaura no tocante à necessidade de observância de seus preceitos também nas sociedades privadas, ou seja, aquelas não tratadas especificamente na legislação, mas que possuem, em parte, capital público.

2.3. Empresa Pública

Em razão essencialmente da origem de seus recursos e da necessária observância do interesse coletivo em suas atividades, as estatais possuem o denominado regime jurídico híbrido, pois observam tanto os regramentos do direito privado, quanto as normas de direito público.

Anteriormente conceituado pelo Decreto-Lei nº 200/67[23], o art. 3º da nova lei, espelhando basicamente o conceito já positivado naquele diploma, define que:

[22] JUSTEN FILHO, Marçal. A constitucionalidade da Lei 13.303/2016: a distinção entre sociedades estatais "empresárias" e "não empresárias". **Revista eletrônica da PGE RJ.** Rio de Janeiro. Disponível em: <http://www.revistaeletronica.pge.rj.gov.br/doutrina/a-constitucionalidade-da-lei-13-3032016-a-distincao-entre-sociedades-estatais-empresarias-e-nao-empresarias?e=v-1-n-1-2018>. Acesso em: 21 mai. 2018.

[23] Art. 5º Para os fins desta lei, considera-se: [...] II – Emprêsa Pública – a entidade dotada de personalidade jurídica de direito privado, com patrimônio próprio e capital exclusivo da União, criado por lei para a exploração de atividade

> Art. 3º. Empresa pública é a entidade dotada de personalidade jurídica de direito privado, com criação autorizada por lei e com patrimônio próprio, cujo capital social é integralmente detido pela União, pelos Estados, pelo Distrito Federal ou pelos Municípios.

Quanto à constituição do capital social da empresa pública, MARIA SYLVIA ZANELLA DI PIETRO obtempera que a empresa pública tem o seu capital social restrito inteiramente na iniciativa pública, sendo que o artigo 5º do Decreto-Lei nº 900/69 veio a permitir que, estando a maior parte do capital votante sob domínio da União, outras pessoas de direito público interno também poderiam participar do capital social, admitindo-se, dessa forma, a participação de pessoas jurídicas de direito privado que integrem a administração indireta, inclusive as sociedades de economia mista em que o capital é parcialmente privado[24].

Poderá, conforme se observa, ser constituída empresa pública com participação de mais de um ente (União, Estados, Distrito Federal e Municípios) em regime de sociedade anônima, de acordo com o interesse público, mas sempre o seu capital social será composto exclusivamente com recursos públicos.

2.4. Sociedade de Economia Mista

Considerando que, por maior que seja o Estado, não tem ele disponibilidade de capital para intervir no domínio econômico sempre por meio de empresas públicas, faz-se necessário o concurso com a inciativa privada[25].

econômica que o Govêrno seja levado a exercer por fôrça de contingência ou de conveniência administrativa podendo revestir-se de qualquer das formas admitidas em direito.

[24] DI PIETRO, Maria Sylvia Zanella. **Direito administrativo.** 16ª ed., São Paulo: Atlas, 2003, p. 389.

[25] DALLARI, Adilson Abreu. **Sociedade de Economia Mista. Sócio Estratégico – Acordo de Acionistas.** Revista de Direito Administrativo, n. 221, p.383, julho/setembro 2000.

Para tanto, utiliza-se da criação de empresas destinadas tanto para receber o investimento proveniente do capital privado, quanto cumprir com as necessidades e interesses coletivos que justificaram a sua criação.

Tal qual ocorre com as empresas públicas, a constituição de uma sociedade de economia mista depende de autorização legal para que o Poder Executivo possa instituí-la. Necessariamente, o seu regime societário observará as regras e a forma de sociedade anônima, seguindo o comando expresso do §2º, do art. 4º, da Lei das Estatais[26].

De acordo com a própria definição legal, na condição de sociedade anônima, as sociedades de economia mista deverão observar também as disposições da Lei nº 6.404/1976 ("Lei das S.A.").

A Lei das Estatais traz a seguinte definição para às sociedades de economia mista:

> Art. 4º. Sociedade de economia mista é a entidade dotada de personalidade jurídica de direito privado, com criação autorizada por lei, sob a forma de sociedade anônima, cujas ações com direito a voto pertençam em sua maioria à União, aos Estados, ao Distrito Federal, aos Municípios ou a entidade da administração indireta.

Sobre o tema, assim conceitua o ilustre professor MODESTO CARVALHOSA:

> Criada por lei, formada por capital votante majoritário subscrito pelo Estado, e minoritário, pelo capital privado, tendo como objeto social atividades relacionadas à prestação de serviço público ou exploração de atividades econômicas, as quais realizam estri-

[26] § 2º Além das normas previstas nesta Lei, a sociedade de economia mista com registro na Comissão de Valores Mobiliários sujeita-se às disposições da Lei no 6.385, de 7 de dezembro de 1976

> tamente através de negócios jurídicos privados (contratos privados) e de relações extracontratuais também de natureza privada, tendo como finalidade precípua o interesse público, primário ou coletivo em conformidade com a lei societária que a disciplina[27].

A qualificação do controle acionário é de fundamental importância no conceito de sociedade de economia mista. Nesta situação, o Estado deve deter de forma permanente a maioria das ações com direito a voto.

Para Eros Grau, a concentração no Estado da maioria do capital votante da sociedade de economia mista não cumpre outra função que não assegurar o exercício do poder de controle ao ente estatal, já que a participação acionária desprovida do poder de controle não lhe atribui o status de acionista controlador[28].

A manutenção do controle das indicações da administração das sociedades de economia mista pelo Estado é condição básica para a regular existência da companhia[29].

Por se tratar de uma pessoa jurídica submetida à regulação própria do direito privado, por força da aplicação da Lei das S.A.,

[27] Carvalhosa, Modesto. **Comentários à lei de sociedades anônimas**. 4ª ed., v. 4, t. 1. São Paulo: Saraiva, 2009, p. 358.

[28] Grau, Eros Roberto. Parecer – **Acordo de Acionistas**. Revista da Procuradoria Geral de Minas Gerais, Direito Público, Belo Horizonte, v. 1., n. 2, p. 67, 1999, julho/dezembro.

[29] Respeitada a competência do Estado-controlador para decidir isoladamente sobre a execução de políticas públicas, existe uma gama de situações que podem justificar a instituição de tratamento mais favorável aos acionistas minoritários, por via estatutária ou contratual. [...] O importante é que tais arranjos não retirem do Estado a prerrogativa de dirigir soberanamente os negócios sociais para consecução do interesse público inerente à sociedade de economia mista e, ao mesmo tempo, guardem razoabilidade e proporcionalidade sob o ponto de vista financeiro com os objetivos pretendidos pelo Estado (Pinto Jr., Mario Engler. **Empresa Estatal – Função Econômica e Dilemas Societários**. 2ª edição. Ed. Atlas: São Paulo, 2013, p.p. 350-351)

estão às sociedades de economia mista abertas ao mercado e, portanto, dentro da competência de fiscalização da CVM, órgão regulador e fiscalizador do mercado de capitais[30].

Não obstante a observância das regras do direito privado e da subordinação à fiscalização e controle por parte da CVM, as sociedades de economia mista têm o dever de respeitar o interesse público que justificou a sua criação[31].

2.5. Subsidiárias e Controladas

O mesmo dispositivo constitucional que determina que somente a lei poderá autorizar, de forma específica, a instituição de empresa pública e de sociedade de economia mista, também, em seu inciso subsequente, traz tal requisito para a criação de subsidiárias dessas entidades, assim como a participação delas em qualquer empresa privada.

A autorização legislativa consubstanciada no inciso XX, do art. 37, da CF, não se deve traduzir em necessidade de edição de uma lei para cada caso, bastando que a lei outorgue essa autorização genericamente. Sobre o tema, HELY LOPES MEIRELLES afirma que "tal autorização está implícita na lei que autorizou a criação da entidade e outorgou-lhe os poderes necessários para realizar as atividades, obras ou outros serviços que constituem objetivos da organização".[32]

[30] Art. 4º [...] § 2º Além das normas previstas nesta Lei, a sociedade de economia mista com registro na Comissão de Valores Mobiliários sujeita-se às disposições da Lei no 6.385, de 7 de dezembro de 1976.

[31] Art. 4º [...] § 1º A pessoa jurídica que controla a sociedade de economia mista tem os deveres e as responsabilidades do acionista controlador, estabelecidos na Lei nº 6.404, de 15 de dezembro de 1976, e deverá exercer o poder de controle no interesse da companhia, respeitado o interesse público que justificou sua criação.

[32] MEIRELLES, Hely Lopes. **Direito Administrativo Brasileiro**. 18. ed., São Paulo: Malheiros, 1993, p. 321.

Sobre às sociedades controladas, assim resume FÁBIO ULHOA COELHO:

> A sociedade controlada é definida como aquela cujo capital outra sociedade participa com a maioria dos votos nas deliberações dos quotistas ou da assembleia geral e tem o poder de eleger a maioria dos administradores[33].

Em recente julgado, o Tribunal de Contas da União (TCU), ao analisar o processo de aquisição de participação societária pela Empresa Brasileira de Correios e Telégrafos na Rio Linhas Aéreas S.A., para operacionalizar o transporte aéreo da carga postal, delimitou claramente o conceito de subsidiária nos seguintes termos:

> REPRESENTAÇÃO. AQUISIÇÃO DE PARTICIPAÇÃO ACIONÁRIA EM EMPRESA PRIVADA. ADOÇÃO DE MEDIDA CAUTELAR PARA SUSPENSÃO DO PROCESSO DE AQUISIÇÃO. AGRAVO. ESTADO DO PROCESSO PERMITE DECISÃO DE MÉRITO. IMPOSSIBILIDADE DE CONTRATAÇÃO DIRETA DE EMPRESA COM PARTICIPAÇÃO ESTATAL MINORITÁRIA CONTROLADA POR ACORDO DE ACIONISTAS. VÍCIO NA MOTIVAÇÃO. PROCEDÊNCIA DA REPRESENTAÇÃO. ASSINATURA DE PRAZO PARA ANULAÇÃO DO PROCESSO. DECISÃO DEFINITIVA DE MÉRITO. PERDA DE OBJETO DO AGRAVO. 1. Para fins de aplicação do art. 24, inciso XXIII, da Lei 8.666/1993, *entende-se por controlada a empresa em que a União, direta ou indiretamente, detenha a maioria do capital social com direito a voto*, em analogia ao conceito insculpido no art. 165, § 5º, inciso II, da CF/1988, que baliza a noção

[33] COELHO, Fábio Ulhoa. **Curso de direito comercial.** 7 ed. 2 v. São Paulo: Saraiva, 2004, p. 488.

de empresa controlada para fins de direito público no nível infraconstitucional.[34]

O Código Civil vigente também traz conceito de sociedade controlada, a saber:

> Art. 1.098. É controlada: I – a sociedade de cujo capital outra sociedade possua a maioria dos votos nas deliberações dos quotistas ou da assembléia geral e o poder de eleger a maioria dos administradores; II – a sociedade cujo controle, referido no inciso antecedente, esteja em poder de outra, mediante ações ou quotas possuídas por sociedades ou sociedades por esta já controladas.

Sobre tal conceituação, SILVIO DE SALVO VENOSA ensina que o poder de controle está intimamente relacionado ao exercício do poder de direção e administração da sociedade, sendo o controlador aquele acionista que efetivamente detenha o poder de decisão sobre os assuntos da controlada e de eleger ao menos a maioria de seus administradores[35].

Por isso, de acordo com o prelecionado por GLADSTON MAMEDE, é correto afirmar que "a sociedade controladora submete-se ao mesmo regulamento aplicável ao acionista controlador"[36].

[34] BRASIL. Tribunal de Contas da União. Acórdão n. 1985/2015, Processo n. 001.577/2015-8 – Empresa Brasileira de Correios e Telégrafos – ECT. Relator: Ministro Bruno Dantas. Brasília, 12 ago. 2015. Disponível em: < https://contas.tcu.gov.br/juris/SvlHighLight?key=41434f5244414f2d434f4d504c45544f2d31343639363838&sort=RELEVANCIA&ordem=DESC&bases=ACORDAO-COMPLETO;&highlight=&posicaoDocumento=0&numDocumento=1&totalDocumentos=1>. Acesso em 02 jun. 2018 (grifo nosso).

[35] VENOSA, Silvo de Salvo. **Código Civil Interpretado**. 2. ed. São Paulo: Atlas, 2011, p. 1.108.

[36] GLADSTON, Mamede. **Direito empresarial: direito societário: sociedades simples e empresariais**. Vol. 2. 6. ed. São Paulo: Atlas, 2012, p. 418.

De todo modo, a diferenciação dos conceitos de subsidiária e controlada, para fins de aplicação dos ditames da Lei das Estatais, não se mostra relevante, já que para esta análise ambos se confundem.

Sobre este ponto, José dos Santos Carvalho Filho expõe o seu entendimento, afirmando que os termos 'subsidiária' e 'controlada' são sinônimos; enquanto as entidades subsidiárias são previstas genericamente no art. 37, XX, da CF/88, não encontram definição na própria legislação de direito empresarial[37].

Desta forma, ambas podem ser definidas como aquelas cujo controle e gestão das atividades estão sob responsabilidade de uma empresa pública ou sociedade de economia mista diretamente criada e controlada pelo Estado[38].

2.5.1. Acionista Controlador

As sociedades anônimas possuem uma característica peculiar quanto ao poder de controle, exatamente em função da possibilidade de alteração do controle por intermédio de acordo de acionistas, que, nas palavras do jurista Nelson Eizirik, trata-se de "um contrato celebrado entre acionistas de determinada empresa visando à composição de seus interesses individuais e ao estabelecimento de normas de atuação na sociedade, harmonizando seus interesses próprios ao interesse social"[39].

[37] Carvalho Filho, José dos Santos. **Manual de Direito Administrativo**. 24. ed. Rio de Janeiro: Lumen Juris, 2011, p. 240.

[38] Brito, Thiago Groszewicz. **Os conceitos de sociedade "subsidiária" e sociedade "controlada", para fins de aplicação do art. 24, inciso XIII, da Lei nº. 8.666/93.** 2014. 87 f. Dissertação (Mestrado) – Curso de Direito, Instituto Brasiliense de Direito PÚblico – Idp, Brasília, p. 42.

[39] Eizirik, Nelson. **A Lei das S/A Comentada: Volume I – Art. 1º a 120**. São Paulo: Quartier, 2011, p. 702.

O controle de uma determinada sociedade anônima pode ser convencionado, como visto, por meio de acordo de acionistas, conforme redação do art. 118 da Lei da S.A.[40]

De acordo com o que prevê a Lei das S.A., os acordos de acionistas só podem versar sobre as matérias expressamente elencadas pela lei, para, então, estarem dotadas de plena eficácia perante a sociedade[41].

Além da capacidade dos signatários, a validade dos acordos de acionistas depende da observância da qualidade das partes, já que somente os sócios ou acionistas, titulares dos direitos de voto e de disposição da participação societária, podem ser seus subscritores[42]. Quanto à forma, defende-se que deve ser escrita em todas as situações, pois dela dependem o arquivamento e a averbação previstos em lei[43].

Corroborando com esse entendimento, em basilar parecer, o Professor Modesto Carvalhosa assim traz o conceito de acionista controlador:

> A Lei de S/A reconhece no acionista controlador o *efetivo dirigente dos negócios sociais*, ou seja, aquele que manifesta vontade prevalente nas votações das Assembleias Gerais e na eleição dos administradores da companhia. É o controlador quem determina

[40] Art. 118. Os acordos de acionistas, sobre a compra e venda de suas ações, preferência para adquiri-las, exercício do direito a voto, ou do poder de controle deverão ser observados pela companhia quando arquivados na sua sede.

[41] Carvalhosa, Modesto; Eizirik, Nelson. **A nova lei das S/A**. Saraiva: São Paulo, 2002, p. 211.

[42] Também o usufrutuário, quando titular do direito de voto, tem legitimidade para figurar como parte em um acordo sobre o exercício do direito de voto. (Comparato, Fabio Konder. Salomão Filho, Calixto. **Poder de controle na sociedade anônima.** 4ª ed. Rio de Janeiro: Forense, 2005, p. 217).

[43] Comparato, Fabio Konder. **Validade e eficácia de acordo de acionistas. Execução específica de suas estipulações**. In: Novos ensaios e pareceres de Direito Empresarial. Rio de Janeiro: Forense, 1981, p. 54.

> permanentemente a condução das atividades sociais. Nos termos do artigo 116 da Lei n. 6.404/76 ("Lei de S/A") [...] *entende-se por acionista controlador a pessoa*, natural ou jurídica, *ou o grupo de pessoas* vinculadas por acordo de voto, ou sob controle comum, que: a) é titular de direitos de sócio que lhe assegurem, de modo permanente, a maioria dos votos nas deliberações da assembleia geral e o poder de eleger a maioria dos administradores da companhia; e b) usa efetivamente seu poder para dirigir as atividades sociais e orientar o funcionamento dos órgãos da companhia. Como se sabe, a configuração do acionista controlador pode derivar da titularidade de ações com direito a voto por uma *única pessoa* física ou jurídica, que permitam a esse acionista exercer o poder de conduzir os negócios sociais.[44]

O conceito de controle inserido no bojo da Lei das S.A. não se coaduna, por conseguinte, exclusivamente com a quantidade de ações detidas por determinado acionista, mas, em verdade, com o exercício de fato do poder de controle de orientar o rumo dos negócios sociais.

Sobre este ponto, CALIXTO SALOMÃO FILHO assim esclarece:

> Não é de espantar que a doutrina se negue a usar o termo acionista majoritário, afirmando que propositadamente o legislador só emprega o termo acionista controlador. A redação do art. 116 da lei das sociedades nada mais é do que uma confirmação desse fato. [...] Assim, a conclusão deve necessariamente ser no sentido de que o núcleo da definição de controlador reside no poder

[44] CARVALHOSA, Modesto. Parecer Jurídico. Disponível em: https://esaj.tjsp.jus.br/pastadigital/abrirPastaProcessoDigital.do?nuProcesso=1036215-22.2018.8.26.0100&cdProcesso=2S000UK880000&cdForo=100&baseIndice=INDDS&nmAlias=PG5JMDS&tpOrig (grifo no original). Acesso em: 10 mai. 2018.

de determinar o sentido das deliberações sociais e da atividade social, independentemente de qual seja a origem desse poder.[45]

Consequentemente, para efeitos de assunção das responsabilidades previstas na Seção II da Lei das Estatais (arts. 14 e 15), a identificação do acionista controlador depende, em observância ao quanto acima exposto, da efetiva identificação daquele detentor da maioria das ações com direito a voto, ou seja, aquele que realmente conduz as decisões da empresa.

3. Eleição de Administradores

3.1. Requisitos para Eleição de Administradores nas Sociedades Privadas

Para as sociedades privadas, a Lei das S.A. possui regras gerais para a eleição e investidura nos cargos de administração, sendo a mais elementar delas a necessidade de serem pessoas naturais e residentes no País, este último exclusivamente aplicável aos diretores, conforme previsão do art. 146 da Lei das S.A.

Já o art. 147 da Lei das S.A. elenca os requisitos técnicos para a investidura no cargo de administração, mediante apresentação dos comprovantes necessários, quando previsto em lei específica.

De acordo com o que elucida Rubens Requião, este artigo transparece a intenção moralizadora do Estado ao definir requisitos inibidores da investidura de determinadas pessoas nos respectivos conselhos das sociedades:

> [...] já acentuamos a preocupação moralizante que o Estado exerce, procurando sanear o meio econômico, afastando os elementos eticamente descaracterizadores para dirigirem as empresas. O § 1º do art. 147 [da Lei das S.A] se integra entre tais regras,

[45] Salomão Filho, Calixto. **O novo direito societário.** São Paulo: Malheiros, 1998, p. 163-164.

> declarando que são inelegíveis para os cargos de administração da companhia as pessoas impedidas por lei especial, ou condenadas por crime falimentar, de prevaricação, peita ou suborno, concussão, peculato, contra a economia popular, a fé pública ou a propriedade, ou a pena que vede, ainda que temporariamente, o acesso a cargos públicos. Além disso, como a Comissão de Valores Mobiliários tem [...] atribuições de fiscalização e ordenamento do mercado de capitais, podendo impedir no seu âmbito a atividade de elementos sem qualificação moral, o §2º desse artigo declara também inelegíveis para os cargos de administração de companhia aberta as pessoas declaradas inabilitadas por ato seu. [...] O conselheiro deve ter a reputação ilibada e não pode ser eleito, salvo conhecimento e dispensa da assembleia geral, quem ocupar cargo em sociedades que possam ser consideradas concorrentes ou o candidato tiver interesses conflitantes com os da companhia.[46]

Neste ponto, o Código Civil também estatui em seu artigo 1.011, § 1º, que não poderá ser administrador aqueles que não possuírem idoneidade moral em razão de condenação dos crimes previstos no próprio §1º do art. 147 da Lei das S.A.

Dessa forma, apesar de poderem permanecer detentoras de quotas societárias ou ações das pessoas jurídicas, não poderão participar da condução dos negócios empresariais.

Os deveres éticos dos administradores encontram-se dispostos nos arts. 153 a 158 da Lei das S.A.. Do exame de tais dispositivos é possível concluir que a lei determina que todas as ações dos administradores devem observar os seguintes deveres: diligência; lealdade; não agir com conflito de interesses; e informar.

A adoção de tais critérios, norteadores da conduta dos administradores, são de extrema relevância. Para tanto, a lei sujeita os administradores a um conjunto de normas que objetivam

[46] Requião, Rubens. **Curso de direito comercial**. 2º Volume. 32ª ed. São Paulo: Saraiva, 2015, p. 120.

estabelecer um padrão de conduta compatível com a condição de gestores de patrimônio alheio, bem como estabelece consequências para a violação culposa ou dolosa das obrigações e das próprias limitações impostas nos estatutos das companhias[47].

3.2. Requisitos para Eleição de Administradores de Acordo com a Lei das Estatais

As inovações inseridas em nossa estrutura legislativa têm o desígnio de afastar escolhas meramente políticas para cargos tão relevantes. A exigência de experiência profissional, formação acadêmica compatível, dentre outras, demonstra a forte tendência à profissionalização da gestão das estatais, e, por consequência, limitação da ingerência do governo em exercício nas decisões.

Na forma privada, o método de eleição de administradores não parece carecer de correções, visto que, em tese, a seleção sempre será realizada buscando preservar a saúde financeira da empresa, já que o lucro é direcionado de volta para os próprios administradores, direta ou indiretamente[48].

Entretanto, na gestão de recursos públicos, a técnica não se mostrou plenamente satisfatória[49], conforme bem observa o IBGC:

[47] *Cf.* Teixeira, Egberto Lacerda; José Alexandre Tavares Guerreiro. 1919 – Das sociedades anônimas no direito brasileiro. São Paulo: Bushatsky, 1979 apud Ginzel, Alexandre; Rovai, Armando Luiz. **Responsabilização de diretores na administração de sociedade anônima**. In Revista de Direito Bancário e do Mercado de Capitais, RDB v. 72 (abr.-jun. 2016). Disponível em: < http://www.mpsp.mp.br/portal/page/portal/documentacao_e_divulgacao/doc_biblioteca/bibli_servicos_produtos/bibli_boletim/bibli_bol_2006/RDBancMecCap_n.72.09.PDF>. Acesso em: 26 mai. 2018.

[48] Said, Enrico Pizao. **A gestão público empresarial e o objetivo anticorrupção da Lei n. 13.303 de 2016.** 2017. 51 f. Monografia – Curso de Direito, Universidade Federal de Uberlândia, Uberlândia, 2017, p. 33.

[49] Ibidem, p. 34.

> Um dos efeitos perversos da concentração acionária da SEM e do viés do governo em exercício como representante político do Estado na condição de acionista controlador é a constrição da capacidade do conselho de administração de plenamente exercer seu papel de direito. Mais grave, em alguns casos, falhas na governança das SEMs resultam na inversão de papéis entre o conselho de administração e o governo (procurador incumbente do Estado), na qualidade de acionista controlador. Frequentemente, o conselho de administração age como mero homologador de decisões tomadas pelo controlador ou pela diretoria executiva, indicada pelo próprio controlador, deixando de executar o seu papel de formulador de estratégias e de fiscalizador da gestão. Cabe ao Estado eleger seus representantes no conselho de administração. Os órgãos sociais de cada SEM devem atuar de forma independente e fundamentada, especialmente em relação ao governo em exercício. A autonomia dos órgãos sociais afeta positivamente a eficiência operacional da SEM e é fundamental para que ela possa competir no mesmo ambiente econômico de companhias com capital exclusivamente privado.[50]

Desta forma, para além dos requisitos anteriormente mencionados, a Lei das Estatais estabelece regras adicionais para a investidura nos órgãos de administração das empresas públicas e sociedades de economia mista, do ponto de vista de suas qualificações profissionais e integridade.

Segundo abalizam MUSACCHIO e LAZZARINI, uma das razões apontadas por estudos internacionais para explicar a

[50] Instituto Brasileiro de Governança Corporativa. **Sociedade de economia mista**. Coordenação: João Laudo de Camargo e Luiz Spinola. São Paulo: IBGC, 2015. (Série Carta Diretriz, 5), p. 12. Disponível em: < http://www.ibgc.org.br/userfiles/2014/files/CARTA_DIRETRIZ_5.pdf>. Acesso em: 20 mai. 2018.

ineficiência das empresas estatais seria, ao lado de outros fatores, a má seleção dos seus gestores[51/52].

Até a entrada em vigor da Lei das Estatais, as empresas estatais eram regidas[53] pelo Decreto-lei n. 200 de 1967, com a regulação societária analisada em método comparativo na Lei das S.A. Entretanto, agora os aspectos societários restam compilados diretamente na Lei das Estatais.

Estabelece o *"caput"* do artigo 17, incisos I, II e III[54/55] da Lei das Estatais, com notório intuito de reduzir o aparelhamento

51 Musacchio, Aldo. Lazzarini, Sergio. **Reinventando o capitalismo de Estado – O Leviatã nos negócios: Brasil e outros países.** São Paulo: Portifolio-Penguin, 2015, p.13.

52 "A investidura em cargo ou emprego público, em regra, depende de aprovação prévia em concurso público de provas ou de provas e títulos [...] No entanto, é a própria lei maior que excepciona a necessidade de concurso público para os chamados cargos de comissão. Esses são considerados de livre nomeação e livre exoneração e destinam-se às atribuições de direção, chefia e assessoramento, sendo de ocupação transitória. Duas razões fundamentam a necessidade de se admitir, para as referidas atribuições, cargos cujo provimento e exoneração se dá de forma livre [...] A primeira razão é de ordem política, pois é preciso que os ocupantes dos cargos de direção, chefia e assessoramento, em especial nos altos escalões, estejam alinhados com o pensamento político do governo em exercício. " (Gomes, Camila Paula de Barros. **A nomeação de dirigentes de estatais a partir da Lei 13.303/16.** Araçatuba: Revista Juris UniToledo, v. 02, n. 02, abr-jun 2017, p. 32).

53 Quanto ao regime licitatório, que não faz parte do presente estudo, o exame era realizado a partir das disposições contidas na Lei n. 8.666 de 1993.

54 Art. 17. Os membros do Conselho de Administração e os indicados para os cargos de diretor, inclusive presidente, diretor-geral e diretor-presidente, serão escolhidos entre cidadãos de reputação ilibada e de notório conhecimento, devendo ser atendidos, alternativamente, um dos requisitos das alíneas "a", "b" e "c" do inciso I e, cumulativamente, os requisitos dos incisos II e III:
I – ter experiência profissional de, no mínimo:
a) 10 (dez) anos, no setor público ou privado, na área de atuação da empresa pública ou da sociedade de economia mista ou em área conexa àquela para a qual forem indicados em função de direção superior; ou
b) 4 (quatro) anos ocupando pelo menos um dos seguintes cargos:

político das empresas públicas e sociedades de economia mista, para a investidura em cargos no Conselho de Administração e de Diretoria, requisitos de experiência profissional e formação acadêmica compatíveis com o cargo, além de não estarem enquadrados nas hipóteses de inelegibilidade.

Nesse sentido, observam Ricardo Alexandre e João de Deus que a Lei das Estatais nada mais faz do que estabelecer como requisitos básicos para ocupar os cargos de administração que o indicado ostente, de forma cumulativa, além de outros requisitos alternativos, notório conhecimento e reputação ilibada, que visam garantir a sua qualificação técnica e moral[56].

Ao mesmo tempo em que estabelece rígidas regras, a recente legislação também se preocupa em prestigiar os empregados

1. cargo de direção ou de chefia superior em empresa de porte ou objeto social semelhante ao da empresa pública ou da sociedade de economia mista, entendendo-se como cargo de chefia superior aquele situado nos 2 (dois) níveis hierárquicos não estatutários mais altos da empresa;
2. cargo em comissão ou função de confiança equivalente a DAS-4 ou superior, no setor público;
3. cargo de docente ou de pesquisador em áreas de atuação da empresa pública ou da sociedade de economia mista;

c) 4 (quatro) anos de experiência como profissional liberal em atividade direta ou indiretamente vinculada à área de atuação da empresa pública ou sociedade de economia mista;

II – ter formação acadêmica compatível com o cargo para o qual foi indicado; e

III – não se enquadrar nas hipóteses de inelegibilidade previstas nas alíneas do inciso I do caput do art. 1o da Lei Complementar no 64, de 18 de maio de 1990, com as alterações introduzidas pela Lei Complementar no 135, de 4 de junho de 2010.

[55] Tramita, ao tempo da elaboração do presente estudo, perante o STF a ADI n. 5.624, sob relatoria do Min. Ricardo Lewandowski, que tem por objeto o reconhecimento da inconstitucionalidade do art. 17 da Lei das Estatais, dentro outros dispositivos, sob o argumento, além da inconstitucionalidade formal, de desrespeito ao princípio da igualdade estatuído no "caput" do art. 5º da CF.

[56] Alexandre, Ricardo; De Deus, João. **Direito administrativo**. 3. ed. São Paulo: Método, 2017, p. 72.

de carreira, ou seja, aquelas pessoas que exercem atribuições mediante prévia aprovação em concurso público, afrouxando, por assim dizer, alguns dos requisitos, tais como, autorizar a nomeação destes independentemente da comprovação de experiência profissional, desde que possuam mais de dez anos de trabalho efetivo na estatal e que nela tenha exercido cargo de gestão superior que comprove sua capacidade de assumir tais relevantes responsabilidades (§ 5º, do art. 17[57]).

De forma geral, a simples leitura do referido dispositivo legal demonstra que a nova legislação traz extremo rigor quanto aos requisitos mínimos para a composição da administração das pessoas jurídicas por ela reguladas, muito mais rígidos, a título meramente comparativo, do que os requisitos elencados pela Constituição Federal para ingresso no Supremo Tribunal Federal[58] – mais importante cargo da organização judiciária nacional.

Além dos requisitos objetivos e atrelados diretamente à atividade das empresas estatais, conforme já exposto, o referido dispositivo também prevê a necessidade de o candidato possuir reputação ilibada e notório conhecimento.

Enquanto o notório conhecimento depende da comprovação dos requisitos estatuídos na própria lei[59], a verificação da repu-

[57] Esses requisitos também estão elencados no art. 28 do Decreto n. 8.945/16.

[58] Evidentemente, apenas para efeitos de comparação, sem se pretender descer às minúcias que envolvem a indicação e aprovação para a composição do Supremo Tribunal Federal, a Constituição Federal determina que para ocupar o cargo de Ministro do STF, sejam observados apenas quatro requisitos: (i) ser brasileiro nato (CF, art. 12, § 3º, IV); (ii) ter entre trinta e cinco e sessenta e cinco anos de idade (CF, art. 101); (iii) notável saber jurídico e reputação ilibada (CF, art. 101); e (iv) ser cidadão (estando em pleno gozo dos direitos políticos – CF, art. 101). Ou seja, de acordo com a letra da lei, a composição do Conselho das empresas públicas, de economia mista e suas subsidiárias possui mais balizas legais do que a própria composição do A. STF.

[59] "Apesar de a Lei não tê-lo afirmado literalmente, o 'notório conhecimento' exigido é na área de exercício das atribuições do cargo para o qual se cogita a indicação [...]" (ALEXANDRE, op. cit., p. 72-73).

tação ilibada depende da inexistência de sentença condenatória transitada em julgado em razão de fatos e atos que importam para o cargo, ou a existência de acusações ou processos em curso que possam colocar em risco a futura administração[60].

Ressalte-se, nesta toada, que o IBGC[61] já acentua a necessidade de preenchimento destes mesmos requisitos para a indicação de pessoas para a composição da administração de empresas com capital privado.

Percebe-se, assim, que a Lei das Estatais tratou, em especial na parte relativa à eleição de administradores, de positivar aqueles conceitos e requisitos já amplamente recomendados pelo IBGC, consolidando nas estatais a necessidade de ser realizada uma gestão mais profissional e similar às práticas mais avançadas de governança corporativa e já utilizadas pelas empresas de capital privado.

3.2.1. Indicações Vedadas

Além dos requisitos mínimos legais que devem ser observados, conforme anteriormente mencionado, o indicado a compor a administração também não pode se enquadrar em quaisquer requisitos que impeçam o seu acesso ao referido cargo, seja em observância à Lei das S.A., seja em relação à Lei das Estatais.

[60] Justen Filho, Marçal [organizador]. **Estatuto jurídico das empresas estatais**: Lei 13.303/16: "Lei das Estatais". 1ª ed. São Paulo: Revista dos Tribunais, 2016.

[61] Os sócios devem indicar candidatos para os conselhos de administração e fiscal que demonstrem possuir, além de alinhamento com valores e princípios da organização, **competência técnica, experiência e reputação ilibada, bem como capacidade de atuar de maneira diligente e independente de quem os indicou**. (Instituto Brasileiro de Governança Corporativa. **Código das melhores práticas de governança corporativa.** 5.ed. São Paulo: IBGC, 2015, p. 32. Disponível em: <http://conhecimento.ibgc.org.br/Lists/Publicacoes/Attachments/21138/Publicacao-IBGCCodigo-CodigodasMelhoresPraticasdeGC-5aEdicao.pdf>. Acesso em: 21 mai. 2018. [Grifo nosso]).

As hipóteses de vedação encontram-se previstas no § 2º, do art. 17 da Lei das Estatais, *in verbis:*

> § 2º É vedada a indicação, para o Conselho de Administração e para a diretoria:
>
> I – de representante do órgão regulador ao qual a empresa pública ou a sociedade de economia mista está sujeita, de Ministro de Estado, de Secretário de Estado, de Secretário Municipal, de titular de cargo, sem vínculo permanente com o serviço público, de natureza especial ou de direção e assessoramento superior na administração pública, de dirigente estatutário de partido político e de titular de mandato no Poder Legislativo de qualquer ente da federação, ainda que licenciados do cargo;
>
> II – de pessoa que atuou, nos últimos 36 (trinta e seis) meses, como participante de estrutura decisória de partido político ou em trabalho vinculado a organização, estruturação e realização de campanha eleitoral;
>
> III – de pessoa que exerça cargo em organização sindical;
>
> IV – de pessoa que tenha firmado contrato ou parceria, como fornecedor ou comprador, demandante ou ofertante, de bens ou serviços de qualquer natureza, com a pessoa político-administrativa controladora da empresa pública ou da sociedade de economia mista ou com a própria empresa ou sociedade em período inferior a 3 (três) anos antes da data de nomeação;
>
> V – de pessoa que tenha ou possa ter qualquer forma de conflito de interesse com a pessoa político-administrativa controladora da empresa pública ou da sociedade de economia mista ou com a própria empresa ou sociedade.
>
> § 3º A vedação prevista no inciso I do § 2º estende-se também aos parentes consanguíneos ou afins até o terceiro grau das pessoas nele mencionadas.

Também é possível encontrá-las transcritas no art. 29[62] do Decreto n. 8.945/16.

Essas vedações mostram-se necessárias para evitar a ocorrência de conflito entre os interesses das empresas estatais e os político-partidários que, invariavelmente, estão inseridos nas indicações feitas pelo governo.

Pode-se dizer que as vedações são distribuídas em cinco grupos de pessoas: (i) as pessoas que se vinculam ao ente instituidor (inciso I) – vedação que também se estende aos respectivos parentes consanguíneos ou afins até o terceiro grau; (ii) as que exerceram poder decisório em partido político ou se envolve-

[62] Art. 29. É vedada a indicação para o Conselho de Administração e para a Diretoria:
I – de representante do órgão regulador ao qual a empresa estatal está sujeita;
II – de Ministro de Estado, de Secretário Estadual e de Secretário Municipal;
III – de titular de cargo em comissão na administração pública federal, direta ou indireta, sem vínculo permanente com o serviço público;
IV – de dirigente estatutário de partido político e de titular de mandato no Poder Legislativo de qualquer ente federativo, ainda que licenciado;
V – de parentes consanguíneos ou afins até o terceiro grau das pessoas mencionadas nos incisos I a IV;
VI – de pessoa que atuou, nos últimos trinta e seis meses, como participante de estrutura decisória de partido político;
VII – de pessoa que atuou, nos últimos trinta e seis meses, em trabalho vinculado a organização, estruturação e realização de campanha eleitoral;
VIII – de pessoa que exerça cargo em organização sindical;
IX – de pessoa física que tenha firmado contrato ou parceria, como fornecedor ou comprador, demandante ou ofertante, de bens ou serviços de qualquer natureza, com a União, com a própria estatal ou com empresa estatal do seu conglomerado estatal, nos três anos anteriores à data de sua nomeação;
X – de pessoa que tenha ou possa ter qualquer forma de conflito de interesse com a pessoa político-administrativa controladora da empresa estatal ou com a própria estatal; e
XI – de pessoa que se enquadre em qualquer uma das hipóteses de inelegibilidade previstas nas alíneas do inciso I do caput do art. 1o da Lei Complementar no 64, de 18 de maio de 1990.

ram diretamente em campanha eleitoral (inciso II); (iii) as que exercem funções em organizações sindicais (inciso III); (iv) as que tenham firmado contratos ou parcerias com o ente instituidor ou a própria entidade estatal (inciso IV); e (v) as que possuam conflito de interesses com o ente instituidor ou a própria entidade estatal (inciso V)[63].

Em relação às pessoas mencionadas nos incisos II e IV, houve por bem o legislador estabelecer um prazo mínimo de três anos, mantendo-se, assim, a vedação até o transcurso integral do prazo citado em relação à situação que gerou o impedimento.

Conforme se observa, elas convergem com as boas práticas de governança e gestão necessárias ao bom desempenho em um ambiente empresarial competitivo e dinâmico, contribuindo para a transparência na condução dos negócios das empresas estatais e suas subsidiárias.

Além de atender à demanda social de probidade e respeito à coisa pública na condução dos negócios, as vedações buscam propiciar o acesso de pessoas com melhor qualificação técnica aos cargos decisórios das companhias públicas.

4. Aplicabilidade da Lei das Estatais na Eleição de Administradores das Sociedades Privadas

4.1. Lei nº 13.303/16

A participação de empresas estatais no capital social de empresas privadas não integrantes da Administração Pública é operação vista com certa assiduidade, encontrando guarida constitucional no art. 37, inciso XX, da Carta Magna[64].

[63] ALEXANDRE, op. cit., p. 74.

[64] SCHWIND, Rafael Wallbach. **A Lei 13.303 e a participação de empresas estatais no capital de empresas privadas que não integram a administração pública**. Informativo Justen, Pereira, Oliveira e Talamini, Curitiba, nº 115, setembro de 2016. Disponível em: <http://www.justen.com.br/informativo>. Acesso em: 03 mai. 2018.

O conceito de empresa privada com participação de capital público minoritário não se confunde com as subsidiárias de economia mista. Enquanto nesta última os negócios sociais devem observar a finalidade para qual fora legalmente criada, as empresas privadas sempre deverão perseguir, em primeiro lugar, a realização do lucro.

Portanto, da leitura do texto legal é possível concluir que as empresas privadas estão excluídas do âmbito de aplicação da Lei das Estatais (art. 1º, *caput* e § 6º).

No tocante à participação de empresas estatais no capital das sociedades privadas, a nova legislação trata este assunto (regra de controle) no § 7º, do art. 1º, que preleciona caber à empresa pública participante minoritária, no desempenho do seu dever de fiscalizar, observar práticas de governança e controle, senão vejamos:

> § 7º Na participação em sociedade empresarial em que a empresa pública, a sociedade de economia mista e suas subsidiárias não detenham o controle acionário, essas deverão adotar, no dever de fiscalizar, práticas de governança e controle proporcionais à relevância, à materialidade e aos riscos do negócio do qual são partícipes, considerando, para esse fim: [...].

O dispositivo, conforme destaca Rafael Wallbach Schwind, tem objetivo de "orientar as empresas estatais nos casos em que elas não têm poder de controle absoluto no âmbito de uma sociedade"[65], valendo-se dos princípios da governança e da transparência na relação com os seus sócios privados.

Dessa forma, o texto legal é bastante claro ao delimitar que nas sociedades privadas, onde o capital público não detenha o controle acionário – ou seja, detentor da maioria das ações com

[65] Ibidem, p. 3.

direito a voto -, cabe às empresas estatais, na condição de minoritárias, adotar práticas de governança e controle baseados no seu dever de fiscalização.

Recentemente, a CVM teve a oportunidade de se manifestar sobre o tema, quando da análise de um pedido de interrupção do prazo de convocação de Assembleia Geral Ordinária da Light S.A. (Light), questionando a legalidade da indicação para a composição do conselho de administração da empresa feita pela CEMIG, por incorrer, o indicado, nas vedações trazidas pela Lei das Estatais.

Como se sabe, a Light é uma sociedade privada[66] e que, por conseguinte, conta com participação tanto do capital público quanto do capital privado.

Nesse sentido, a celeuma consistia na possibilidade da CEMIG (sociedade de economia mista controlada pelo Estado de Minas Gerais) estar legalmente apta a indicar pessoa para compor o conselho de administração da Light (empresa privada) que não preenchia os requisitos segundo a Lei das Estatais[67].

A solução dada pela CVM foi considerar as vedações da Lei das Estatais também aplicáveis às indicações realizadas pela CEMIG, já que sujeitas ao seu escopo, mesmo que a indicação tenha se dado para ocupar cargo de administração em empresa privada.

[66] A Light foi privatizada, sendo arrematada por um consórcio de três multinacionais: Eletricité de France – EDF; AES Corporation, Reliant Energy e Companhia Siderúrgica Nacional. In: <http://www.light.com.br/grupo-light/Quem-Somos/historia-da-light.aspx>. Acesso em: 17 mai. 2018.

[67] No caso em comento, o indicado, Sr. Giles Azevedo teria participado em comitê de campanha presidencial no ano de 2014, situação vedada pelo art. 17, II, § 2º, da Lei nº 13.303, de 2016. Cf. BRASIL. Comissão de Valores Mobiliários. Interrupção do Prazo de Convocação de Assembleia – Interessada: Light S.A. Relatório nº 135/2016-CVM/SEP/GEA-3. Caio Figueiredo Cibella de Oliveira. 13 dez. 2016.

A Autarquia considerou que se a pessoa não está legalmente apta a compor o conselho de administração da própria CEMIG, esta não poderia indicar pessoa para compor o conselho de administração da Light, justamente pela restrição legal de indica-lo para o seu próprio quadro de administração, conforme excerto abaixo:

> Com efeito, considerando as circunstâncias em que a lei foi editada e os objetivos almejados pelo legislador, é forçoso aplicar a interpretação teleológica ao art. 17º, da Lei das Estatais, afim de conformá-lo às exigências sociais e aos princípios da justiça e do bem comum. Nesse contexto, é inequívoco que o citado dispositivo é aplicável à (sic) qualquer indicação feita por estatal, inclusive quando o indicado for ocupar cargo de administrador em empresa privada, com ou sem acordo de acionistas.
>
> As empresas estatais são, nos termos do art. 1º da mencionada lei, destinatárias diretas do comando descrito em seu art 17 e, portanto, devem observar os requisitos e vedações ali constantes não só ao preencher seus próprios cargos mas também em suas participações e indicações em empresas investidas.
>
> Aliás, à luz dos padrões de ética e governança que se pretendeu conferir às empresas estatais, não faria mesmo sentido a interpretação que permitisse ao ente público indicar para o cargo de administrador de uma empresa privada pessoa que não preenche os requisitos para exercer o mesmo cargo em seus quadros, destacadamente quando a vedação se refere aos conflitos de interesse que permeiam as esferas pública e o (sic) privada na gestão das empresas estatais.[68]

[68] BRASIL. Comissão de Valores Mobiliários. Interrupção do Prazo de Convocação de Assembleia – Interessada: Light S.A. Processo Administrativo CVM nº 19957.008923/2016-2. Relator: Henrique Balduino Machado Moreira. Brasília, DF, 27 dez. 2016. Brasília: DOU, p. 11/12.

Mesmo se tratando de uma empresa privada, a CVM entendeu que deveriam ser observados os requisitos do art. 17 da Lei das Estatais, por versar de indicação realizada por empresa estatal, onde haveria por esta o controle das decisões estratégicas da sociedade[69]. Ou seja, a CVM utilizou-se da interpretação teleológica, buscando a intenção do legislador quando da elaboração da lei, evitando, assim, uma leitura restritiva do texto legal.

Não sucede, entretanto, que em qualquer situação a indicação de pessoa que não atenda aos requisitos legais por acionista estatal sempre será vedada com base na interpretação teleológica da lei, somente cabendo tal restrição quando o capital público se revelar o verdadeiro acionista controlador da sociedade privada.

Constatado que o capital público não é o detentor da maior parte das ações com direito a voto, não se constituindo como acionista controlador, seja por meio de acordo de acionistas ou da própria constituição do capital social, resta evidente que a Lei das Estatais não será aplicável, restando, porém, a observância das demais regras aplicadas ao setor privado[70], conforme observa PONTES DE MIRANDA, impera o princípio da

[69] A esse respeito, é de todo oportuno citar importante trecho da Carta Diretriz 5/2015, publicado pelo IBGC: "Na qualidade de acionista controlador da SEM [sociedade de economia mista], o Estado deve garantir que os administradores atuem de forma efetiva e independente e implementem controles internos adequados para evitar a prática de atos lesivos que decorram do desvio de finalidade da SEM. Como previsto na legislação, os administradores, conselheiros fiscais e membros dos comitês estatutários são revestidos de responsabilidade fiduciária por garantir a legalidade dos atos praticados no âmbito das SEMs" (Instituto Brasileiro de Governança Corporativa. Op. cit, 2015, p. 15).

[70] "Conforme já exposto no Capítulo VI, a empresa público-privada submete-se ao regime de direito privado. Afinal, trata-se de uma empresa privada. Aplica-se a ela a legislação societária, inclusive a Lei nº 6.404.". (SCHWIND, Rafael Wallbach. **O Estado acionista – empresas estatais e empresas privadas com participação estatal**. Almedina, São Paulo, 2017, p. 371)

autonomia da vontade, designado como "auto-regramento da vontade"[71].

Nesse sentido, em recente pronunciamento ao site Capital Aberto, o ilustre jurista Nelson Eizirik assim se posicionou: "estamos diante de uma lei restritiva e que deve ser interpretada da mesma forma. Ela só se aplica apenas aos casos de controle majoritário". O ex-presidente da CVM e saudoso Luiz Leonardo Cantidiano, na mesma matéria, compartilha tal raciocínio: "A lei visa impedir que o poder público eleja pessoas não capacitadas nas companhias que controla, mas não se estende àquelas em que tem apenas participação acionária"[72].

Além disso, em novo processo administrativo, novamente em relação às indicações de órgãos da administração da Light, a CVM se manifestou, mais uma vez, no sentido de afirmar que a Lei das Estatais não seria aplicada às empresas em que o Estado participe do capital de forma minoritária[73].

Mostra-se desarrazoado determinar que empresas privadas observem regras atinentes às empresas estatais, já que:

> Em tal hipótese, continuará a existir uma empresa privada, que não integrará a Administração Pública, nem desempenhará atividade de natureza administrativa. A empresa privada desenvolverá as suas atividades segundo os parâmetros do direito privado, ainda que disponha em seu quadro societário de um parceiro estatal.

[71] Miranda, Pontes de. **Tratado de Direito Privado**. t. III. 3ª ed. Rio de janeiro: Borsoi, 1970, p. 60-61.

[72] Capital Aberto. Mercado discute a abrangência da lei das estatais. Disponível em: <https://capitalaberto.com.br/temas/legislacao-e-regulamentacao/mercado-discute-abrangencia-da-lei-das-estatais>. Acesso em: 11 mai. 2018.

[73] BRASIL. Comissão de Valores Mobiliários. Pedido de Adiamento/Interrupção de AGO – Interessada: Light S.A. Relatório n. 39/2018-CVM/SEP/GEA-3. Processo Administrativo CVM nº 19957.004466/2018-41. Disponível em: < http://www.cvm.gov.br/export/sites/cvm/decisoes/anexos/2018/20180426/1021__SEP.pdf>. Acesso em: 04 out. 2019.

Nesse sentido, há decisão do TCU, tal como abaixo reproduzida:

> 74. Vale repisar que, apesar de ter como sócio um ente integrante da Administração Pública e de existirem recursos de origem pública no seu capital, a empresa público-privada não se subordina ao regime de direito público. Nem sequer integra a Administração Indireta, sendo que o sócio estatal não tem preponderância no seu controle. O simples fato de haver participação estatal na empresa público-privada não conferirá à sociedade qualquer vantagem perante o poder público. Na qualidade de pessoa jurídica de direito privado que não integra a Administração Pública, a empresa privada com participação estatal deve atuar em pé de igualdade com toda a iniciativa privada (TCU, Plenário, Acórdão 1.220/2016, rel. Min. Bruno Dantas)[74].

O próprio jurista define que nos casos em que não restar configurado o exercício do poder de controle pela empresa estatal, a Lei das Estatais "preocupou-se em estabelecer mecanismos de acompanhamento e fiscalização da atuação das empresas privadas com participação estatal minoritária"[75].

A associação da iniciativa privada com a participação estatal, na qual o Estado participa como sócio destituído do poder de controle, ocorre sob configuração própria do direito privado.

A aplicação das normas de direito público nas sociedades eminentemente privadas deve ser vista com acentuada restrição.

Estender as amarras legais impostas às empresas estatais – que devem buscar, antes da atividade lucrativa, a finalidade social para a qual foi legalmente criada – para empresas privadas com participação minoritária do capital público, inseridas no sistema econômico baseado na livre concorrência e expostas às variações do mercado, mostra-se completamente despiciente e

[74] Justen Filho. op. cit., p. 54.

[75] Justen Filho. op. cit., p. 55.

fora dos ditames aplicáveis, sob pena de passar-se a inviabilizar a própria consecução das atividades da companhia.

Fora das situações onde realmente existe o controle permanente por parte das empresas públicas ou sociedades de economia mista, não há que se falar em extensão da restrição legal às sociedades privadas, que devem ficar adstritas apenas à legislação própria.

Como será analisado doravante, não nos parecer que a tese de aplicação teleológica apresentada pela CVM seja a melhor técnica jurídica, sendo necessário alteração da Lei das Estatais para que fosse aplicada às regras de eleição de administradores para às empresas onde o Estado possua apenas participação minoritária, mas não havendo controle ou poder decisório, no sentido amplo da questão.

Na outra mão, a CVM também se posicionou[76], nos parecendo de maneira acertada, que as restrições para indicação de administradores, oriundos da Lei das Estatais, se aplique quando o ente estatal possua a maioria das ações com direito a voto, ou seja, detenha o efetivo poder de controle e portanto seja considerada uma subsidiaria, nos termos da nova legislação.

4.2. Decreto nº 8.945/16

No sistema jurídico brasileiro, o decreto consubstancia-se na exteriorização da função normativa outorgada ao Poder Executivo pela Constituição Federal[77], destinado, essencialmente,

[76] BRASIL. Comissão de Valores Mobiliários. Reclamação sobre eleição de administrador. Interessada: Light S.A. Relatório n. 110/2017-CVM/SEP/GEA-3. Processo Administrativo CVM nº 19957.003858/2017-10. Disponível em: < http://www.cvm.gov.br/export/sites/cvm/decisoes/anexos/2018/20181009/0820__GEA3.pdf>. Acesso em: 02 out. 2019

[77] Art. 84. Compete privativamente ao Presidente da República:

[...]

IV – sancionar, promulgar e fazer publicar as leis, bem como expedir decretos e regulamentos para sua fiel execução;

a explicar e assessorar os administrados e os administradores públicos no correto cumprimento das leis. Utilizando-se de tal prerrogativa, o Chefe do Poder Executivo, com o fito de regulamentar a Lei das Estatais, editou o Decreto n. 8.945/16.

Em que pese a Lei das Estatais ser bastante clara quanto ao seu âmbito de incidência, tal decreto inovou no sistema legislativo ao alargar os limites trazidos pela lei e estender o seu âmbito de aplicação também para as sociedades privadas, em que as empresas estatais detenham participação societária minoritária, conforme dicção do art. 58:

> Art. 58. O disposto nos arts. 54 e 56 aplica-se às indicações da União ou das empresas estatais em suas participações minoritárias em empresas privadas.

Os artigos 54[78] e 56[79], que tratam dos critérios e das vedações para investidura no Conselho de Administração, passaram,

[78] Art. 54. Os administradores deverão atender obrigatoriamente os seguintes critérios:
I – os requisitos estabelecidos no art. 28, com metade do tempo de experiência previsto em seu inciso IV; e
II – as vedações de que tratam os incisos I, IV, IX, X e XI do **caput** do art. 29.

[79] Art. 56. Os Conselheiros Fiscais deverão atender os seguintes critérios obrigatórios:
I – ser pessoa natural, residente no País e de reputação ilibada;
II – ter graduação em curso superior reconhecido pelo Ministério da Educação;
III – ter experiência mínima de três anos, em pelo menos uma das seguintes funções:
a) direção ou assessoramento na administração pública federal, direta ou indireta;
b) Conselheiro Fiscal ou administrador em empresa;
c) membro de comitê de auditoria em empresa; e
d) cargo gerencial em empresa;
IV – não se enquadrar nas vedações de que tratam os incisos I, IV, IX, X e XI do **caput** do art. 29; e

por força do referido Decreto, a serem aplicáveis também às sociedades privadas com participação minoritária das empresas estatais.

Ao confrontar os artigos mencionados no parágrafo anterior com o art. 1º e parágrafos da Lei das Estatais, percebe-se, claramente, que o decreto alargou o âmbito de aplicação da Lei das Estatais e instituiu obrigação não prevista em tal diploma legislativo, inovando no ordenamento jurídico.

Ressalte-se que o *caput* do art. 1º delimita serem as regras aplicáveis tão somente às empresas públicas, sociedades de economia mista e suas subsidiárias, sendo que os parágrafos 5º e 6º estendem o regime para a empresa pública e sociedade de economia mista que participem de consórcio, na condição de operadora, e para as sociedades de propósito específico que sejam controladas por empresa pública ou sociedade de economia mista.

Percebe-se que o legislador tomou o cuidado de atrelar a extensão dos efeitos da Lei das Estatais às sociedades não estatais apenas quando as empresas públicas ou as sociedades de economia mista efetivamente detivessem o poder de controle; afora tais casos, manteve-se a aplicação apenas das regras pertinentes aos particulares, notadamente a Lei das S.A.

V – não ser ter sido membro de órgãos de administração nos últimos vinte e quatro meses e não ser empregado da empresa estatal, de sociedade controlada ou do mesmo grupo, nem ser cônjuge ou parente, até terceiro grau, de administrador da empresa estatal.
§ 1º As experiências mencionadas em alíneas distintas do inciso III do **caput** não poderão ser somadas para a apuração do tempo requerido.
§ 2º As experiências mencionadas nas alíneas do inciso III do **caput** poderão ser somadas para apuração do tempo requerido, desde que relativas a períodos distintos.
§ 3º O disposto no inciso V do **caput** não se aplica a empregado da empresa estatal controladora quando inexistir grupo econômico formalmente constituído.

Nas situações em que as empresas estatais não detêm o poder de controle, a Lei das Estatais determina especificamente a seguinte obrigação:

> § 7º Na participação em sociedade empresarial em que a empresa pública, a sociedade de economia mista e suas subsidiárias não detenham o controle acionário, essas deverão adotar, no dever de fiscalizar, práticas de governança e controle proporcionais à relevância, à materialidade e aos riscos do negócio do qual são partícipes, considerando, para esse fim: [...].

Extrapola, portanto, o Decreto n. 8.945/16, as balizas constitucionais previstas no art. 84, IV, da Constituição Federal, ao considerar que a indicação feita pela estatal para composição dos órgãos da administração de sociedades privadas estará sempre adstrita aos estreitos limites impostos pela Lei das Estatais.

Conforme preleciona CELSO ANTONIO BANDEIRA DE MELLO, o decreto encontra seu substrato na lei, não podendo ir além do que ela dispuser, nem criar obrigações, direitos ou exigências que não estejam contempladas na lei que a originou[80].

Lecionando no mesmo sentido, assim elucida o eminente e saudoso Professor GERALDO ATALIBA:

> Consiste o chamado poder regulamentar na faculdade que ao Presidente da República – ou Chefe do Executivo, em geral, Governador e Prefeito – a Constituição confere para dispor sôbre medidas necessárias ao fiel cumprimento da vontade legal, dando providências que estabeleçam condições para tanto. Sua função é facilitar a execução da lei, especificá-la de modo praticá-

[80] MELLO, Celso Antônio Bandeira de. **Curso de direito administrativo**. 12ª ed., São Paulo: Malheiros, 1999, p. 305.

vel e, sobretudo, acomodar o aparelho administrativo, para bem observá-la.[81]

E prossegue o renomado jurista:

> Não quer, entretanto, isto dizer que tal poder [de expedir decretos e regulamentos] seja ilimitado, ou que possa ser exercido de qualquer forma e a qualquer propósito. O uso deste poder solene e eminente é, pelo contrário, vinculado. Depende quantitativa e qualitativamente das condições impostas pelo sistema e da própria natureza e conteúdo da lei a ser regulamentada.[82]

Conforme se observa, cabe à lei, justamente por seguir todo o tortuoso rito legislativo constitucionalmente previsto, inovar no mundo jurídico, criando, extinguindo ou modificando direitos e obrigações; restando ao decreto, ato do poder Executivo, a função de dar às minúcias necessárias para aplicação da lei, criando meios necessários para a sua fiel execução, sem, contudo, contrariar quaisquer das suas disposições ou ainda criar novas obrigações.

Sob qualquer ângulo que se analise, resta evidente que o Decreto n. 8.945/16 não poderia estender a aplicação da Lei das Estatais para as companhias privadas não integrantes da administração pública, sendo certo que sobre elas recaem apenas as austeras normas de direito privado.

Conclusão

Inserida em um contexto social da busca de quebra das relações existentes entre o Estado e a ordem econômica, a Lei das Estatais busca, além de tratar de outras matérias relevantes, restringir o

[81] Ataliba, Geraldo. **Decreto regulamentar no sistema brasileiro**. Revista de Direito Administrativo: Rio de Janeiro. Jul.-set. 1969, p. 22.

[82] Ibidem, loc. cit.

acesso de pessoas desprovidas de qualificação ética e técnica, visando segregar a atuação política nas decisões societárias.

A forma como o capital público é estruturado dentro da atividade econômica nas empresas públicas, sociedades de economia mista e suas subsidiárias, quando comparadas com suas congêneres da iniciativa privada, sempre partem em desvantagem no tocante à eficiência e à ética. A eficiência, nas mais diversas vezes, mostra-se comprometida em razão das limitações dos ditames do direito público às submetem, como a exigência de procedimentos burocráticos e mais lentos para a admissão de pessoal e a realização de aquisições e alienações de bens e serviços.

A possibilidade de indicação pelo Poder Executivo dos componentes dos órgãos da administração das empresas estatais, resultam, quase sempre, em indicações de pessoas comprometidas com quem os indicou, tratando, na condução das atividades empresariais, apenas de ambições particulares.

Também por conta deste aspecto, as empresas públicas e de economia mista possuem determinadas limitações quanto ao relevante aspecto da governança corporativa.

Essa situação traz consigo, evidentemente, um forte componente político para dentro das sociedades; que não se mostra salutar para os interesses perseguidos pelas empresas estatais, desviando-as da finalidade legal para os quais foram criadas e do próprio interesse público.

Perseguindo o objetivo de afastar a notória prejudicial influência da vontade política e de outros fatores externos das empresas estatais, a Lei das Estatais previu uma série de regras técnicas e éticas para a composição dos cargos de administração das empresas estatais, além da necessidade de observância das regras de governança corporativa.

Estabelece a Lei das Estatais diversos requisitos que os administradores das empresas estatais devem previamente comprovar, em especial na tentativa de franquear os cargos de administração, apenas àqueles que comprovem idoneidade moral, capacidade técnica, experiência e, sobretudo, independência política.

Nesta seara, a discussão que se avizinha sobre a recente legislação – dentre outras – trata da possibilidade de extensão do âmbito da aplicação da Lei das Estatais para as empresas privadas onde exista a participação de capital estatal, seja ele minoritário ou majoritário.

A Lei das Estatais é suficientemente clara ao afirmar que seus dispositivos se destinam a estabelecer parâmetros para os estatutos jurídicos das empresas públicas, sociedades de economia mista e suas subsidiárias, nada dispondo sobre as participações minoritárias que o capital estatal eventualmente detém nas empresas privadas.

Diferentemente do que ocorre com as empresas estatais – onde as amarras legais são necessárias justamente para melhorar a eficiência e trazer repercussões éticas positivas –, a eficiência das empresas privadas repousa justamente na existência de regulação jurídica diferenciada e voltada para sua atuação do mercado.

Nesta toada, atrair a aplicação de normas de direito público para as sociedades privadas com participação minoritária do capital estatal, pode vir a limitar a sua competitividade em comparação às suas concorrentes que não possuem participação do capital estatal em seu capital social.

O intuito do legislador ao elaborar a Lei das Estatais foi evitar que as indicações políticas continuassem a ser feitas de maneira desenfreada, servindo às empresas públicas e de econômica mista como instrumentos para acolher indicações políticas e atender interesses pessoais e escusos dos políticos brasileiros.

Considerando tratar-se de legislação ordinária restritiva, deve a Lei das Estatais ser interpretada de forma restritiva, ou seja, a incidência da lei não pode ir além da hipótese expressa no próprio texto legal, mostrando-se prudente estabelecer o seu âmbito de aplicação para aquelas pessoas e ações expressamente descritas na norma.

Interpretar que a regra da Lei das Estatais deve ser aplicada para toda e qualquer participação societária que o Estado possua em sociedades que se sujeitam ao regime de direito privado nos parece ser temerário, visto que, além da regra da eleição de administradores, todo o restante da Lei das Estatais também recairia sobre a sociedade, como, por exemplo, a necessidade de licitação para contratação de serviços.

Apesar do poder público ter editado decreto para sanar as lacunas trazidas pela Lei das Estatais, como visto durante este trabalho, não nos pareceu a forma adequada de ajustar a falta de técnica da lei, já que o decreto ampliou sua aplicação, o que não está ajustado com nosso sistema jurídico.

De toda forma, nos parece adequado que do ponto de vista ético e moral, situações como a ocorrida na Light sejam evitadas, com a intervenção da CVM no caso concreto, visto que a indicação do ente Estatal, através da CEMIG, possuía viés político, finalidade principal da Lei das Estatais, apesar de nos parecer que a forma extensiva de interpretação utilizada pela Autarquia não seja a mais adequada.

Sendo assim, diante de todo o exposto, do ponto de vista jurídico, seria adequado ajustar a Lei das Estatais para que sua aplicabilidade, notadamente no que diz respeito a eleição de administradores, possa atingir seu principal objetivo: acabar com as indicações políticas, sejam elas nas empresas públicas, de economia mista ou nas sociedades nas quais o Estado detenha participação societária, fazendo com que aja atuação em *compliance* e maior governança corporativa, indo de encontro com o que se espera da nossa Nação, é dizer, maior transparência e o fim da corrupção e utilização das sociedades para fins escusos e pessoais.

Referência

ALEXANDRE, Ricardo; DE DEUS, João. **Direito administrativo.** 3. ed. São Paulo: Método, 2017.

CALDEIRA, Jorge. **História da riqueza no Brasil**. Rio de Janeiro: Estação Brasil, 2017.

CARVALHO, Vinicius Marques de; MENDES, Francisco Schertel. **Compliance concorrência e combate à corrupção.** São Paulo: Trevisan, 2017.

CARVALHO FILHO, José dos Santos. **Manual de Direito Administrativo**. 24. ed. Rio de Janeiro: Lumen Juris, 2011.

CARVALHOSA, Modesto; EIZIRIK, Nelson. **A nova lei das S/A**. Saraiva: São Paulo, 2002.

CARVALHOSA, Modesto. **Comentários à lei de sociedades anônimas**. 4ª ed., v. 4, t. 1. São Paulo: Saraiva, 2009.

COELHO, Fábio Ulhoa. **Curso de direito comercial.** 7 ed. 2 v. São Paulo: Saraiva, 2004.

COMPARATO, Fabio Konder. SALOMÃO FILHO, Calixto. **Poder de controle na sociedade anônima**. 4ª ed. Rio de Janeiro: Forense, 2005.

COMPARATO, Fabio Konder. **Validade e eficácia de acordo de acionistas. Execução específica de suas estipulações**. In: Novos ensaios e pareceres de Direito Empresarial. Rio de Janeiro: Forense, 1981.

COMPARATO, Fábio Konder e SALOMÃO FILHO, Calixto. **O Poder de Controle na Sociedade Anônima**. 5ª ed. Rio de Janeiro: Editora Forense. 2008.

DI PIETRO, Maria Sylvia Zanella. **Direito administrativo.** 16ª ed., São Paulo: Atlas, 2003.

EIZIRIK, Nelson. **A Lei das S/A Comentada: Volume I – Art. 1º a 120**. São Paulo: Quartier, 2011.

_______. **A Lei das S/A Comentada: Volume III – Art. 189 a 300**. São Paulo: Quartier, 2011.

GLADSTON, Mamede. **Direito empresarial: direito societário: sociedades simples e empresariais**. Vol. 2. 6. ed. São Paulo: Atlas, 2012.

GUIMARÃES, Edgar; SANTOS, José Anacleto Abduch. **Lei das estatais: comentários ao regime jurídico licitatório e contratual da Lei nº 13.303/2016.** Belo Horizonte: Fórum, 2017. [livro digital] 589kb. ISN 978-85-450-0305-2.

JUSTEN FILHO, Marçal. **Estatuto jurídico das empresas estatais**: Lei 13.303/16: "Lei das Estatais". 1ª ed. São Paulo: Revista dos Tribunais, 2016.

MAXIMILIANO, Carlos. **Hermenêutica e aplicação do direito**. Rio de Janeiro: Forense, 2005.

MEIRELLES, Hely Lopes. **Direito Administrativo Brasileiro**. 18. ed., São Paulo: Malheiros, 1993.

MELLO, Celso Antônio Bandeira de. **Curso de direito administrativo**. 12ª ed., São Paulo: Malheiros, 1999.

MIRANDA, Pontes de. **Tratado de Direito Privado**. t. III. 3ª ed. Rio de janeiro: Borsoi, 1970.

MUSACCHIO, Aldo. LAZZARINI, Sergio. **Reinventando o capitalismo de Estado – O Leviatã nos negócios: Brasil e outros países.** São Paulo: Portifolio-Penguin, 2015.

PINTO JR., Mario Engler. **Empresa Estatal – Função Econômica e Dilemas Societários**. 2ª edição. Ed. Atlas: São Paulo, 2013.

REQUIÃO, Rubens. **Curso de direito comercial**. 2º Volume. 32ª ed. São Paulo: Saraiva, 2015.

SALOMÃO FILHO, Calixto. **O novo direito societário.** São Paulo: Malheiros, 1998.

SCHWIND, Rafael Wallbach. **O Estado acionista – empresas estatais e empresas privadas com participação estatal**. Almedina, São Paulo, 2017.

VENOSA, Silvo de Salvo. **Código Civil Interpretado**. 2. ed. São Paulo: Atlas, 2011.

ATALIBA, Geraldo. **Decreto regulamentar no sistema brasileiro**. Revista de Direito Administrativo: Rio de Janeiro. Jul.-set. 1969.

BARROSO, Luís Roberto. **A ordem econômica constitucional e os limites à atuação estatal no controle de preços**. In Revista de Direito da Associação de Procuradores do Novo Estado do Rio de Janeiro: Direito da Regulação, v. XI, coord. Alexandre dos Santos de Aragão, Rio de Janeiro: Lumen Iuris, 2002.

BICALHO, Alécia Paolucci Nogueira. **Lei de Responsabilidade das Estatais: Fomento e Perspectivas às Estatais Prestadoras de Serviço Público de Saneamento Básico.** Revista de direito administrativo contemporâneo. V. 27 (novembro-dezembro 2016), 2016. Disponível em: http://www.mpsp.mp.br/portal/page/portal/documentacao_e_divulgacao/doc_biblioteca/bibli_servicos_produtos/bibli_boletim/bibli_bol_2006/RDAdmCont_n.27.10.PDF. Acesso em: 05 mai. 2018.

BRASIL. Comissão de Valores Mobiliários. Interrupção do Prazo de Convocação de Assembleia – Interessada: Light S.A. Processo Administrativo CVM nº 19957.008923/2016-2. Relator: Henrique Balduino Machado Moreira. Brasília, DF, 27 dez. 2016. Brasília: DOU, p. 11/12.

_______. Comissão de Valores Mobiliários. Pedido de Adiamento/Interrupção de AGO – Interessada: Light S.A. Relatório n. 39/2018-CVM/SEP/GEA-3. Processo Administrativo CVM nº 19957.004466/2018-41. Disponível em: < http://www.cvm.gov.br/export/sites/cvm/decisoes/anexos/2018/20180426/1021__SEP.pdf>. Acesso em: 04 out. 2019.

_______. Comissão de Valores Mobiliários. Reclamação sobre eleição de administrador. Interessada: Light S.A. Relatório n. 110/2017-CVM/SEP/GEA-3. Processo Administrativo CVM nº 19957.003858/2017-10. Disponível em: < http://www.cvm.gov.br/export/sites/cvm/decisoes/anexos/2018/20181009/0820__GEA3.pdf>. Acesso em: 02 out. 2019

_______. Constituição da República Federativa do Brasil de 1988. Disponível em: <http://www.planalto.gov.br/ccivil_03/constituicao/constituicaocompilado.htm>.Acesso em: 05 mai. 2018.

_______. Decreto n. 8.945, de 27 de dezembro de 2016. Regulamenta, no âmbito da União, a Lei no 13.303, de 30 de junho de 2016, que dispõe sobre o estatuto jurídico da empresa pública, da sociedade de economia mista e de suas subsidiárias, no âmbito da União, dos Estados, do Distrito Federal e dos Municípios. Disponível em: <http://www.planalto.gov.br/ccivil_03/_ato2015-2018/2016/decreto/D8945.htm>. Acesso em: 05 mai. 2018.

_______. Decreto-Lei n. 200, de 25 de fevereiro de 1967. Dispõe sobre a organização da Administração Federal, estabelece diretrizes para a Reforma Administrativa e dá outras providências. Disponível em: <http://www.planalto.gov.br/ccivil_03/decreto-lei/Del0200.htm>. Acesso em: 05 mai. 2018.

_______. Lei n. 6.404, de 15 de dezembro de 1976. Dispõe sobre as Sociedades por Ações. Disponível em: <http://www.planalto.gov.br/ccivil_03/Leis/L6404consol.htm>. Acesso em: 07 mai. 2018.

_______. Lei n. 8.031, de 12 de abril de 1990. Cria o Programa Nacional de Desestatização, e dá outras providências. Revogada pela Lei. nº 9.491, de 1997. Disponível em: <http://www.planalto.gov.br/ccivil_03/Leis/L8031.htm>. Acesso em: 07 mai. 2018.

_______. Lei n.10.406, de 10 de janeiro de 2002. Institui o Código Civil. Disponível em: <http://www.planalto.gov.br/ccivil_03/Leis/2002/l10406.htm>. Acesso em: 05 mai. 2018.

_______. Lei n. 13.303, de 30 de junho de 2016. Dispõe sobre o estatuto jurídico da empresa pública, da sociedade de economia mista e de suas subsidiárias, no âmbito da União, dos Estados, do Distrito Federal e dos Municípios. Disponível em: <http://www.planalto.gov.br/ccivil_03/_ato2015-2018/2016/lei/l13303.htm>. Acesso em: 05 mai. 2018.

_______. Tribunal de Contas da União. Acórdão n. 1985/2015, Processo n. 001.577/2015-8 – Empresa Brasileira de Correios e Telégrafos – ECT. Relator: Ministro Bruno Dantas. Brasília, 12 ago. 2015. Disponível em: < https://contas.tcu.gov.br/juris/SvlHighLight?key=41434f5244414f2d434f4d504c45544f2d31343639363838&sort=RELEVANCIA&ordem=DESC&bases=ACORDAO-COMPLETO;&highlight=&posicaoDocumento=-0&numDocumento=1&totalDocumentos=1>. Acesso em 02 jun. 2018.

_______. Supremo Tribunal Federal. Violação dos princípios da livre concorrência e da livre iniciativa. ADPF 46. ABRAED – Associação Brasileira das Empresas de Distribuição e Empresa Brasileira de Correios e Telégrafos – ECT. Relator: Ministro Eros Grau. Brasília, 05 ago. 2009. Disponível em: <http://redir.stf.jus.br/paginadorpub/paginador.jsp?docTP=AC&docID=608504>. Acesso em 30 abr. 2018.

Brito, Thiago Groszewicz. **Os conceitos de sociedade "subsidiária" e sociedade "controlada", para fins de aplicação do art. 24, inciso XIII, da Lei nº. 8.666/93.** 2014. 87 f. Dissertação (Mestrado) – Curso de Direito, Instituto Brasiliense de Direito PÚblico – Idp, Brasília.

Carrança, Thais et. al. Petrobras registra prejuízo de R$ 34,9 bilhões em 2015. **Valor Econômico**. São Paulo, 21 mar. 2016. Disponível em: <http://www.valor.com.br/empresas/4491820/petrobras-registra-prejuizo-de--r-349-bilhoes-em-2015> Acesso em: 10 mai. 2018.

_______. Parecer Jurídico. Disponível em: https://esaj.tjsp.jus.br/pastadigital/abrirPastaProcessoDigital.do?nuProcesso=1036215--22.2018.8.26.0100&cdProcesso=2S000UK880000&cdForo=100&baseIndice=INDDS&nmAlias=PG5JMDS&tpOrig (grifo no original). Acesso em: 10 mai. 2018.

Di Pietro, Maria Sylvia Zanella. **Bancos oficiais e a livre concorrência**. In: Revista da Faculdade de Direito de São Bernardo do Campo. São Bernardo do Campo: A Faculdade, 2008, Ano 12, nº 14.

ELETROBRAS admite perdas de mais de R$ 300 milhões com corrupção. **Deutsche Welle Online**. 12 out. 2016. Disponível em: <http://www.dw.com/pt-br/eletrobras-admite-perdas-de-mais-de-r-300-milh%C3%B5es-com-corrup%C3%A7%C3%A3o/a-36020476> Acesso em: 10 mai. 2018.

Gomes, Camila Paula de Barros. **A nomeação de dirigentes de estatais a partir da Lei 13.303/16.** Araçatuba: Revista Juris UniToledo, v. 02, n. 02, abr-jun 2017.

Grau, Eros Roberto. Parecer – **Acordo de Acionistas**. Revista da Procuradoria Geral de Minas Gerais, Direito Público, Belo Horizonte, v. 1., n. 2, 1999, julho/dezembro.

Justen Filho, Marçal. A constitucionalidade da Lei 13.303/2016: a distinção entre sociedades estatais "empresárias" e "não empresárias". **Revista eletrônica da PGE RJ.** Rio de Janeiro. Disponível em: <http://www.revistaeletronica.pge.rj.gov.br/doutrina/a-constitucionalidade-da-lei-13-3032016-a-distincao-entre-sociedades-estatais-empresarias-e-nao-empresarias?e=v-1-n-1-2018>. Acesso em: 21 mai. 2018.

Instituto Brasileiro de Governança Corporativa. **Código das melhores práticas de governança corporativa.** 5.ed. São Paulo: IBGC, 2015, p. 32. Disponível em: <http://conhecimento.ibgc.org.br/Lists/Publicacoes/Attachments/21138/Publicacao-IBGCCodigo-CodigodasMelhoresPraticasdeGC-5aEdicao.pdf>. Acesso em: 21 mai. 2018.

_______. **Sociedade de economia mista**. Coordenação: João Laudo de Camargo e Luiz Spinola. São Paulo: IBGC, 2015. (Série Carta Diretriz, 5), p. 12. Disponível em: < http://www.ibgc.org.br/userfiles/2014/files/CARTA_DIRETRIZ_5.pdf>. Acesso em: 20 mai. 2018.

Light Serviços de Eletricidade S.A. **História da Light**. Disponível em: <http://www.light.com.br/grupo-light/Quem-Somos/historia-da-light.aspx>. Acesso em: 17 mai. 2018.

Neves, Antônio Francisco Frota; Santana, Hector Valverde. **A intervenção direta e indireta na atividade econômica em face da ordem jurídica brasileira**. Rev. Bras. Polít. Públicas (Online), Brasília, v. 7, nº 2, 2017 p. 332. Disponível em: < https://publicacoes.uniceub.br/RBPP/article/download/4582/pdf >. Acesso em: 02 mai. 2018.

Pinheiro, Armando Castelar. **Privatização no Brasil: Por quê? Até onde? Até quando?** Rio de Janeiro. 1999, p. 150. Disponível em: <http://web.bndes.gov.br/bib/jspui/handle/1408/11317>. Acesso em: 1º mai. 2018).

Said, Enrico Pizao. **A gestão público empresarial e o objetivo anticorrupção da Lei n. 13.303 de 2016.** 2017. 51 f. Monografia – Curso de Direito, Universidade Federal de Uberlândia, Uberlândia, 2017.

Schwind, Rafael Wallbach. **A Lei 13.303 e a participação de empresas estatais no capital de empresas privadas que não integram a administração pública**. Informativo Justen, Pereira, Oliveira e Talamini, Curitiba, nº 115, setembro de 2016. Disponível em: <http://www.justen.com.br/informativo>. Acesso em: 03 mai. 2018.

Teixeira, Egberto Lacerda; José Alexandre Tavares Guerreiro. 1919 – Das sociedades anônimas no direito brasileiro. São Paulo: Bushatsky, 1979 apud Ginzel, Alexandre; Rovai, Armando Luiz. **Responsabilização de diretores na administração de sociedade anônima**. In Revista de Direito Bancário e do Mercado de Capitais, RDB v. 72 (abr.-jun.

2016). Disponível em: < http://www.mpsp.mp.br/portal/page/portal/documentacao_e_divulgacao/doc_biblioteca/bibli_servicos_produtos/bibli_boletim/bibli_bol_2006/RDBancMecCap_n.72.09.PDF>. Acesso em: 26 mai. 2018.

YOKOI, Yuki. Mercado discute a abrangência da lei das estatais. **Capital Aberto**. São Paulo, 16 dez. 2016, edição 61, Disponível em: <https://capitalaberto.com.br/temas/legislacao-e-regulamentacao/mercado-discute-abrangencia-da-lei-das-estatais>. Acesso em: 11 mai. 2018.

Operações de Private Equity no Brasil: Análise Jurídica dos Mecanismos de Desinvestimento

Guilherme da Cunha Andrade Maranhão

Introdução

Os investimentos em capital de risco por meio de operações de *Private Equity* (PE) são uma modalidade atrativa de captação de recursos, principalmente para sociedades com grande potencial de crescimento, empreendedores com acesso restrito ao crédito, ou pequenas empresas em estágio inicial. Sob a ótica do investidor, os investimentos em PE também são uma alternativa interessante de investimento uma vez que propiciam alto potencial de retorno, especialmente em períodos que fundos de renda fixa apresentam menor rentabilidade e o mercado acionário encontra-se mais volátil.

Tendo em vista os riscos associados a este tipo de transação, é fundamental uma estruturação jurídica adequada com o objetivo de conferir ao investidor maior proteção sobre o capital investido, capacidade de influenciar a gestão do negócio, e controle do momento e forma de saída da companhia-investida. Para tanto, é essencial que os instrumentos contratuais e societários formalizados na execução do investimento contenham cláusulas como direitos de venda conjunta, venda forçada, veto em determinadas matérias, e mecanismos claros de desinvestimento.

Conceitualmente, investimentos de PE são operações simples: uma parte compra uma participação em um negócio, aprimora a gestão, e por fim vende tal participação ou a companhia-investida com lucro para terceiros[1]. O objetivo fundamental do investimento de PE é a saída, ou colocado de outra forma, a realização do valor criado durante o período de administração do investimento. A capacidade do gestor de PE de obter uma saída lucrativa, no momento adequado, para diversos fundos que aplicaram recursos em companhias-investidas é a principal medida de sucesso verificada por agentes do mercado em relação ao gestor de PE.

Certamente, o desinvestimento é a etapa mais aguardada e que gera maior atenção do investidor de PE uma vez que é o momento que este obtém a maior parcela de retorno financeiro sobre os valores investidos[2]. Somente após a saída e distribuição dos lucros do fundo de PE que os investidores avaliarão se o investimento correspondeu à expectativa inicial. Ou seja, a prova do sucesso da transação verifica-se na etapa de desinvestimento.

O objetivo deste trabalho é explorar, sob a ótica do investidor de PE, os aspectos jurídicos que norteiam o processo de desinvestimento em uma companhia-investida, bem como estudar a estrutura jurídica dos mecanismos de saída aplicados por gestores de PE em operações no Brasil. O foco de desenvolvimento do presente estudo são as questões jurídicas de natureza contratual e societária, não os aspectos administrativos, econômicos ou contábeis que são partes relevantes das operações de PE.

[1] Zeisberger, Claudia; Prahl, Michael; White, Bowen. **Mastering Private Equity: Transformation Via Venture Capital, Minority Investments and Buyouts.** 1ª Ed, Londres, UK: Wiley, 2017. p.185.

[2] Rebelo, Nikolai Sosa. Os Investimentos e a Captação de Recursos por Contratos de Private Equity e Venture Capital. **Revista Síntese de Direito Empresarial**, São Paulo-SP, nov./dez. 2012, v.29, p.201.

A definição do momento e mecanismo adequados para a saída da companhia-investida, objetivando maximizar o lucro do investimento de PE, é ao mesmo tempo a principal e mais complexa decisão a ser tomada pelo gestor no modelo de negócios de PE. Tal decisão envolve uma série de fatores de natureza jurídica, financeira e mercadológica que influenciarão o caminho a ser seguido para o desinvestimento e o sucesso da transação.

Sob essa problemática, o trabalho visa analisar o conceito de operações de PE e as vantagens, desvantagens, e estrutura jurídica dos principais mecanismos de desinvestimento, com o objetivo de apresentar alternativas de saída disponíveis para aplicação por gestores de PE, e respectivos assessores jurídicos, em operações de PE.

O presente estudo foi desenvolvido com base no método científico por meio da análise de doutrina nacional e internacional, legislação societária, regulação da Comissão de Valores Mobiliários (CVM), e estudo empírico de operações de PE no Brasil.

Com o objetivo de contextualizar o tema do estudo à prática de PE no Brasil, o trabalho está dividido em três capítulos. O primeiro, "Investimentos de Private Equity no Brasil", aborda o conceito, características gerais, e evolução histórica das operações de PE no Brasil. O segundo, "Processo de Investimento e Desinvestimento", analisa as etapas envolvidas em uma típica operação de PE, e o terceiro, "Mecanismos de Desinvestimento", trata da estrutura jurídica, vantagens e desvantagens das estratégias de saída mais utilizadas no mercado nacional.

1. Investimentos de *Private Equity* no Brasil

1.1. Conceito de *Private Equity*

A natureza das operações de PE é simples: adquirir uma participação majoritária ou minoritária em uma companhia, melhorar o seu negócio, e vender tal participação societária após um determinado período. Especificamente, em uma operação deste tipo, o fundo de PE capta recursos por meio de um número limitado de investidores qualificados (fundos de pensão, fundos soberanos, indivíduos e famílias com capital elevado para investimentos, etc), investe o capital levantado na aquisição de participação em companhias de capital fechado e, após a venda de tal participação, distribui o lucro obtido pelo fundo entre o gestor de PE e tais investidores, em um montante predeterminado (geralmente 20% dos lucros para o gestor de PE, e 80% para os investidores)[3].

O termo *Private Equity* pode ser definido de diversas formas, entre elas, que é uma categoria de investimento a longo prazo, em sociedades de capital privado, em troca de uma participação acionária que não é livre e publicamente negociada no mercado.

1.2. Características Gerais

Conforme detalhado abaixo, há consenso entre profissionais do mercado financeiro, investidores, juristas e autores especializados que o investimento de PE envolve as seguintes características: negociação privada; transações de alto risco e alto retorno; não participação do investidor na gestão operacional do negócio; controle ou influência do investidor, principalmente por meio do conselho de administração, na administração da companhia-investida; e duração limitada[4].

a. *Negociação privada*. Primeiro, a característica fundamental de uma operação de PE é a negociação privada da participação a ser adquirida pelo investidor. Vem deste conceito

[3] LEVIN, Jack S. **Structuring Venture Capital, Private Equity, and Entrepreneurial Transactions**. 2017 Ed, Nova Iorque, EUA: Wolters Kluwer, 2017. p.105.7.

[4] LERNER, Josh; LEAMON Ann; HARDYMON Felda. **Venture Capital, Private Equity, and the Financing of Entrepreneurship**. 1ª Ed, Nova Iorque, EUA: Wiley, 2012. p. 484.

o termo *Private* de *Private Equity*. Na maioria dos casos, o investimento de PE é realizado em companhias de capital fechado, e quando raramente tal investimento é realizado em companhias de capital aberto, ele ocorre por meio da aquisição de ações não negociadas em bolsa. No âmbito de uma operação de PE, a negociação de ações em bolsa é comum como estratégia de saída na etapa de desinvestimento, mas não no início do processo de entrada do investidor na companhia-investida. Assim, o investimento de PE é substancialmente diferente da compra e venda de ações listadas em bolsa por investidores e corretores de valores mobiliários.

b. *Alto risco e alto retorno.* O segundo elemento típico em operações de PE é o alto risco assumido pelo investidor para obter um alto retorno sobre o capital investido. Neste sentido, o investimento em PE geralmente é realizado na forma de ações ordinárias ou preferenciais conversíveis que figuram no final da lista de prioridades em caso de liquidação ou falência da companhia. Assim, por um lado o investidor de PE assume o risco de perder parcela substancial ou todo o investimento em caso de fracasso da companhia, mas espera ser extraordinariamente recompensado caso os negócios da companhia prosperem. Para aumentar as chances de gerar uma alta taxa de retorno para o fundo, o gestor de PE deve diversificar o investimento em várias companhias de seu portfólio. Desta forma, o gestor de PE não fica dependente do sucesso de apenas uma companhia e pode atingir a alta meta de taxa de retorno exigida pelos investidores de forma agregada com outras companhias do portfólio de investimentos do fundo[5].

[5] ZEISBERGER, Claudia; PRAHL, Michael; WHITE, Bowen. **Mastering Private Equity: Transformation Via Venture Capital, Minority Investments and**

c. *Não participação na gestão operacional.* Outra característica que distingue os investimentos de PE de outros tipos de investimento é a não participação do investidor na administração operacional do negócio investido. O profissional de PE está envolvido ativamente na identificação do investimento, negociação e estruturação da operação de entrada na companhia-investida, no monitoramento da performance, e na gestão estratégica da companhia após realização do investimento, mas não no dia-a-dia administrativo. Geralmente, o profissional de PE atua como membro do conselho de administração e/ou assessor financeiro da companhia-investida.
d. *Controle ou influência na companhia-investida.* O investidor de PE não é apenas um fornecedor de capital para companhia, mas também uma peça importante no planejamento financeiro e estratégico, bem como no monitoramento do negócio, com o objetivo de criar valor ao investimento. Portanto, visando o aprimoramento operacional e desenvolvimento do negócio para alienação futura, é fundamental que o PE detenha o controle, ou pelo menos representação ativa no conselho de administração, da companhia-investida.
e. *Duração limitada.* Investidores de PE não planejam manter seus investimentos indefinidamente, mas por um período limitado na expectativa que durante tal período ocorra uma valorização significativa na participação adquirida, para uma alienação posterior. Geralmente, um fundo de PE possui uma duração de aproximadamente 10 anos, sendo que os investimentos são realizados nos primeiros 5 anos do fundo, e cada desinvestimento após aproximadamente 3 a 5 anos contados da entrada na companhia-

Buyouts. 1ª Ed, Londres, UK: Wiley, 2017. p.189.

-investida. Ao longo do período de duração do fundo, o investidor não pode resgatar o capital aplicado, devendo aguardar a distribuição dos lucros como resultado de uma saída do fundo de uma companhia-investida ou a liquidação do fundo ao término do seu ciclo de vida, dependendo da forma de distribuição definida pelo gestor de PE.

Sob a ótica do profissional de PE, este não almeja manter o controle a longo prazo ou construir uma carreira administrando a companhia-investida. Ao contrário, já na estruturação do investimento inicial, o investidor de PE avalia e inclui nos documentos da transação os mecanismos de saída que utilizará futuramente na etapa de desinvestimento. Em outras palavras, o investidor de PE ingressa na companhia com a sua saída já definida, ficando a decidir apenas a forma e o período do desinvestimento.

1.3. Evolução Histórica

1.3.1. Início: Décadas de 1970 a 1990

O marco inicial da indústria brasileira de PE ocorreu em 1974 quando o BNDES constituiu três subsidiárias (Insumos Básicos S.A., Investimentos Brasileiros S.A., e Mecânica Brasileira S.A.) para financiar pequenas e médias empresas, particularmente no setor industrial. Posteriormente, no início da década de 1980, tais empresas fundiram-se e deram origem ao veículo de investimentos em participações do BNDES, o BNDESPAR, o qual ainda exerce atuação de destaque no mercado brasileiro[6]. No entanto, foi apenas com a implementação do Plano Real em

[6] Lobo, Carlos Alexandre; Potenza, Guilherme Peres. Investimentos Venture Capital e Private Equity: Considerações Práticas e Jurídicas. In: Botrel, Sérgio. **Finanças Corporativas: Aspectos Jurídicos e Estratégicos**. São Paulo-SP: Atlas, 2016. p.268.

1994 e o consequente controle da inflação e estabilidade cambial, que as bases para o crescimento do mercado de PE no Brasil foram estabelecidas.

Além do Plano Real, outros eventos que marcaram o início da atividade de PE no Brasil foram a abertura comercial e a privatização de empresas estatais no início da década de 1990. A liberalização da economia nacional, marcada pela redução das tarifas de importação e revogação de medidas protecionistas, resultou no aumento de competitividade no mercado local com a entrada de investidores estrangeiros, forçando a indústria nacional a se desenvolver tecnologicamente e melhorar a produtividade. O processo de privatização de grandes empresas estatais também contribuiu para o desenvolvimento do mercado nacional de PE, sinalizando para o mercado internacional a maturidade do ambiente econômico brasileiro. Neste período, por exemplo, ocorreram as primeiras grandes aquisições por fundos de PE no Brasil: a aquisição da ALL e Telemar, à época estatais nas áreas de ferrovias e telecomunicações[7].

Em meados da década de 1990, começaram a surgir no Brasil empresas nacionais focadas em investimentos de PE, bem como investidores estrangeiros atraídos pelo potencial de crescimento, promessa de altos retornos e baixo *valuation* das empresas locais. No entanto, a crise nos mercados asiáticos em 1998 alertou os investidores estrangeiros dos riscos políticos e econômicos de economias emergentes, o que resultou em uma retirada substancial de capital estrangeiro do Brasil em direção à mercados mais desenvolvidos, gerando uma grande desvalorização cambial do Real, e afetando diretamente a performance de investimentos de PE atrelados ao Dólar. Assim, diversos gestores de fundos de PE não conseguiram atender as expectativas de investidores estrangeiros, e saíram do mercado ou não conseguiram levantar capital suficiente para novos fundos.

[7] Ibidem, p.270.

1.3.2. Evolução Regulatória e Consolidação do Mercado: Década de 2000

Apesar de um início turbulento, com a crise asiática ainda afetando negativamente as economias emergentes, o estouro da bolha da internet e a preocupação de investidores nacionais e internacionais sobre a eleição de Luis Inácio Lula da Silva como presidente da república, a década de 2000 foi marcada pelo forte desenvolvimento do mercado nacional para investimentos de PE. Primeiro, foram estabelecidas importantes medidas regulatórias que serviram de base para o desenvolvimento da indústria nacional de PE. Em 2002, novas normas permitiram que fundos de pensão nacionais alocassem uma parcela de seus recursos em investimentos de PE, criando assim uma importante fonte de financiamento local. Outro importante passo regulatório foi dado com a edição pela CVM da Instrução nº 391 (ICVM 391), que regulamentou os Fundos de Investimento em Participações (FIP), e permitiu a captação de recursos por gestores de PE e aplicação de capital por parte de investidores de uma forma menos arriscada, mais transparente e tributariamente mais eficiente[8].

Além disso, com o advento de mudanças substanciais na Lei 6.404/76 (Lei das S.A.) em 2001 e a criação do segmento do Novo Mercado na B3 (ex-BM&F Bovespa), ocorreram melhorias significativas em termos de governança corporativa e proteção de acionistas minoritários que impulsionaram os investimentos de PE no mercado nacional[9].

[8] Rebelo, Nikolai Sosa. Os Investimentos e a Captação de Recursos por Contratos de Private Equity e Venture Capital. **Revista Síntese de Direito Empresarial**, São Paulo-SP, nov./dez. 2012, v.29, p.201-234.

[9] Kozlowski, W. Breves Notas de Governança Corporativa Acerca do Conflito de Interesses na Sociedade Anônima. In: Cantidiano, L. L., Corrêa. **Governança Corporativa: Empresas Transparentes na Sociedade de Capitais.** São Paulo-SP: Lazuli Editora, 2004

A partir de 2005, com as bases regulatórias postas e um ambiente político-econômico mais estável e positivo, o Brasil apresentou forte crescimento econômico, que culminou com o recebimento em 2008 do grau de investimento pelas agências de classificação de risco S&P, Fitch e Moody's. Como resultado, a indústria local de PE foi diretamente beneficiada, com investidores internacionais aplicando um montante significativo de recursos em diversos setores como saúde, educação e varejo. Segundo levantamento da Thomson Reuters em 2010, o montante investido em operações de PE no Brasil saltou de 474 milhões de Dólares em 2005 para 10.5 bilhões de Dólares em 2010[10].

1.3.3. Recessão e Desenvolvimento: 2011 aos Dias Atuais

O período entre 2011 e 2016 foi marcado por instabilidade política e forte recessão econômica que afetaram negativamente os investimentos de PE no Brasil. Com a deterioração da economia, o governo da presidente Dilma Rousseff decidiu expandir as despesas e adotar medidas intervencionistas na economia, o que resultou em desequilíbrio das contas públicas, alta da inflação e baixo crescimento econômico. Tais fatores, afetaram negativamente a percepção dos agentes do mercado de PE em relação à segurança jurídica e regulatória do país, elevando substancialmente o risco-país determinado por agências de classificação de risco internacionais. Como resultado, investidores estrangeiros, organizações internacionais, e empresas nacionais responderam à política intervencionista do governo, reduzindo ou transferindo seus investimentos do mercado brasileiro para outros com maior estabilidade, segurança e menor risco.

[10] THOMSON REUTERS. **Venture Equity Latin America: 2010 Year End Report**. 2011. Disponível em: < https://financial.thomsonreuters.com/en/products/data-analytics/market-data/indices/venture-capital-index.html >. Acesso em: 19 mar. 2018.

Em meados de 2016, a situação macroeconômica começou a apresentar sinais de recuperação e o mercado brasileiro gradualmente voltou a atrair o interesse de investidores em capital de risco. Além disto, com o objetivo de unificar e modernizar as regras aplicáveis aos FIP, principal veículo de investimento em PE, em agosto de 2016 a CVM editou as instruções 578 e 579 (ICVM 578 e ICVM 579), revogando, entre outras, a ICVM 391. A nova regulamentação trouxe inovações relevantes para o mercado de PE, aproximando a legislação local das regras praticadas no mercado internacional e gerando maior transparência e segurança para os participantes do mercado nacional. Análise mais detalhada sobre a ICVM 578 e ICVM 579 encontra-se no item 2.4 "Estrutura Jurídica" abaixo.

Atualmente, o Brasil encontra-se numa posição favorável para um novo ciclo de investimentos de PE, com uma estrutura regulatória moderna e consolidada, estabilidade econômica, e presença local dos principais investidores internacionais, gestores de recursos e fundos soberanos atuantes no mercado de PE global. De acordo com levantamento da Associação Brasileira de Private Equity e Venture Capital (ABVCAP) em 2017, a expectativa de 79% dos investidores locais e de 94% dos investidores internacionais é que o mercado brasileiro de PE irá melhorar pelos próximos 3 a 5 anos. Além disto, 94% dos investidores internacionais e 75% dos investidores locais, afirmaram que irão manter ou aumentar seus investimentos no Brasil nos próximos 3 anos[11]. Tais dados corroboram a perspectiva otimista dos participantes do mercado de PE em relação ao futuro de seus investimentos no Brasil.

[11] ABVCAP – Associação Brasileira de Private Equity e Venture Capital. Perspectiva dos Investidores sobre Private Equity e Venture Capital no Brasil, 2017. Disponível em <http://www.abvcap.com.br/industria-de-pe-vc/sobre-o-setor>. Acesso em 14 mar. 2018.

O gráfico abaixo sumariza os principais eventos que definiram a indústria de PE nacional nas últimas décadas.

1.4. Estrutura Jurídica

Nos Estados Unidos, onde surgiu a prática de PE, o veículo utilizado para investimentos de risco geralmente é organizado na forma de *limited partnership*. Em tais entidades, as responsabilidades ficam divididas entre os *limited partners* e o *general partner*. Os investidores do fundo atuam na qualidade de *limited partners*, ou seja, com responsabilidade limitada ao valor de seu investimento na sociedade e sem função de natureza gerencial. Já a função de *general partner* é exercida pelo gestor de PE, cabendo a este as decisões de investimento, bem como a operação diária do fundo. Na legislação norte-americana, as *limited partnerships* são consideradas entidades de passagem (*passthrough entities*) para fins fiscais, e o pagamento de tributos só ocorre uma vez, ao nível do investidor quando este recebe o ganho sobre o capital investido no fundo[12].

No Brasil, não existe a figura das *limited partnerships* e por muito tempo não existia estruturas jurídicas adequadas para atender a realidade dos investimentos de PE. Até que, em 2003,

[12] Levin, Jack S. **Structuring Venture Capital, Private Equity, and Entrepreneurial Transactions**. 2017 Ed, Nova Iorque, EUA: Wolters Kluwer, 2017. p.901.

a CVM editou a ICVM 391 que criou os FIPs e aproximou a regulamentação local à prática internacional. Atualmente, a maioria dos veículos utilizados em operações de PE são constituídos na forma de FIPs. Os FIPs são regulados pela CVM por meio das ICVM 578 e ICVM 579, e são juridicamente qualificados como um condomínio de ativos fechado. Com esta qualificação, os FIPs possuem um regime fiscal diferenciado e suas operações não são tributadas. Assim como ocorre nas *limited partnerships*, a tributação é diferida, ocorrendo apenas uma vez no momento da amortização das cotas pelo cotista do FIP. Tal estrutura permite que o fundo realize seguidos investimentos e desinvestimentos sem tributação.

Além dos benefícios de natureza fiscal, a estrutura dos FIPs confere flexibilidade a seus cotistas em termos de governança e política de investimentos. De acordo com a ICVM 578, a estrutura de cada FIP deve ser definida no regulamento do fundo e deve contar com ao menos um administrador, assembleia geral de cotistas, e um ou mais cotistas. Observado tais requisitos, os cotistas possuem liberdade para definir as demais regras de governança do fundo. Em relação aos investimentos, de acordo com o artigo 5º da ICVM 578 os FIPs podem investir em ações, bônus de subscrição, debêntures simples, ou outros títulos e valores mobiliários conversíveis em ações, emitidos por companhias de capital aberto ou fechado, bem como realizar adiantamentos para futuro aumento de capital nas companhias-investidas.

Adicionalmente, no que diz respeito às sociedades investidas dos FIPs, a ICVM 578 determina que o fundo possua influência efetiva no processo decisório de tais sociedades e, em caso de investimento em companhias de capital fechado, o estatuto social de tais sociedades deve ser ajustado para atender determinados requisitos de governança corporativa[13]. As regras de

[13] Instrução CVM 578, art. 5º.

governança incluem: adesão à câmara de arbitragem; disponibilização para os acionistas de contratos com partes relacionadas, acordos de acionistas e programa de opções; auditoria anual realizada por auditores independentes; e mandato unificado de 2 anos para membros do conselho de administração[14]. O objetivo do legislador ao introduzir tais regras de governança em companhias-investidas foi conferir maior segurança e controle para o investidor na administração de seus investimentos.

1.4.1. Classificação dos FIPs

Além das regras gerais de funcionamento, a ICVM 578 prevê a classificação dos FIPs conforme a composição de suas carteiras. A classificação em categorias específicas visa facilitar o processo de investimento e dar mais flexibilidade aos FIPs em termos de estrutura e funcionamento. De acordo com a instrução, os FIPs devem ser classificados em uma das seguintes categorias[15]:

a. *FIP-Capital Semente.* As companhias-investidas do FIP devem ter receita bruta anual de até 16 milhões de Reais nos 3 anos anteriores ao investimento do fundo. As companhias-investidas por FIPs enquadrados como Capital Semente ficam dispensadas de observar os requisitos de governança estabelecidos na ICVM 578. O foco desta categoria são investimentos em companhias em estágio inicial de desenvolvimento (startups), conferindo maior flexibilidade para estrutura de tais sociedades.
b. *FIP-Empresas Emergentes.* As companhias-investidas do FIP devem ter receita bruta anual de até 300 milhões de Reais nos 3 anos anteriores ao investimento do fundo. As companhias-investidas por FIPs enquadrados como

[14] Instrução CVM 578, art. 8º.

[15] Instrução CVM 578, art. 14º.

Empresas Emergentes ficam dispensadas de observar alguns requisitos de governança estabelecidos na ICVM 578, como por exemplo: o estabelecimento de mandato unificado de até 2 anos para membros do Conselho de Administração, e a adesão a câmara de arbitragem para resolução de conflitos societários, previstos respectivamente no artigo 8º, II e IV da ICVM 578.

c. *FIP-Infraestrutura ("FIP – IE").* Os investimentos de FIP-IE não podem ser realizados em sociedades limitadas, e estão restritos a projetos de infraestrutura no território nacional nos setores de energia, transporte, água, saneamento básico, e irrigação. Nesta categoria, não há dispensa de regras de governança, os FIPs devem ter ao menos 5 cotistas, sendo que nenhum deles pode deter individualmente mais que 40% das cotas, ou auferir rendimento superior a 40% do total do rendimento do FIP.
d. *FIP-Produção Econômica Intensiva em Pesquisa, Desenvolvimento e Inovação ("FIP – PD&I").* Nesta categoria, os ativos do FIP devem estar relacionados a projetos envolvendo produção econômica intensiva em pesquisa, desenvolvimento e inovação no território nacional, nos setores de energia, transporte, água, saneamento básico, e irrigação. O FIP-PD&I possui as mesmas regras e estrutura de funcionamento do FIP-IE.
e. *FIP-Multiestratégia.* Todos os FIPs que não estão enquadrados nas categorias acima, devem ser classificados como FIP-Multiestratégia. Nesta categoria, os FIPs podem investir em diferentes tipos de sociedades, bem como em ativos no Brasil ou no exterior. Nos termos do artigo 18, § 2º, da ICVM 578, a participação em FIPs enquadrados como Multiestratégia está limitada a investidores profissionais.

2. Processo de Investimento e Desinvestimento

Para que um investidor de PE maximize o valor criado durante o período de investimento na companhia-investida, a estratégia de desinvestimento e a identificação de potenciais compradores devem ser adequados ao momento, mercado, e realidade da companhia-investida. O planejamento para saída começa antes mesmo da realização do próprio investimento na companhia. Para maior segurança e controle pelo investidor de PE, os mecanismos de desinvestimento devem estar formalizados já nos documentos da transação que refletem sua entrada na companhia-investida[16]. O processo a ser considerado pelo investidor no que diz respeito ao investimento e desinvestimento envolve as etapas de identificação, auditoria, execução, administração, preparação para saída, e saída, conforme ilustrado abaixo[17].

2.1. Etapas: da Identificação à Saída

a. *Pesquisa e identificação.* A primeira etapa do processo de investimento é a pesquisa para identificação de companhias que possuem potencial de crescimento atraente para o investidor de PE. A busca de oportunidades começa antes mesmo da formação do fundo a ser utilizado para captação de recursos e aquisição de parcela na companhia-investida. Esta etapa envolve o monitora-

[16] Enei, José Virgílio Lopes. O Capital de Risco e o Private Equity no Brasil: A Nova Lógica do Investimento. In: Adamek, Marcelo Vieira von. **Temas de Direito Societário e Empresarial Contemporâneos**. São Paulo-SP: Malheiros, 2011. p.713.

[17] Sherman, Andrew J.; Hart, Milledge A. **Mergers & Acquisitions from A to Z**. 6ª Ed. Nova Iorque, EUA: Amacon, 2016

mento de diferentes segmentos de mercado, análise da performance individual e do setor onde a companhia-alvo atua, e contato com representantes das companhias-alvo. As principais fontes de oportunidades de negócio para o investidor de PE são geradas internamente pela própria equipe do PE ou intermediadas por terceiros.

As oportunidades geradas diretamente pela equipe do fundo de PE ocorrem principalmente por meio da rede de relacionamento pessoal e profissional dos profissionais de PE. Além de sua rede relacionamentos, os profissionais de PE também utilizam como fonte de geração de negócios: o contato direto com a administração de companhias-alvo (técnica conhecida na prática como *cold-calling*), a análise de demonstrações financeiras e documentos societários das companhias-alvo, e a participação em conferência especializada do setor de atuação da companhia-alvo. Oportunidades de negócio também podem ser geradas por intermediários, comumente bancos de investimento, boutiques de fusões e aquisições, e empresas de auditoria, que cobram uma comissão substancial em caso de fechamento da operação[18].

b. *Auditoria*. A segunda etapa do processo de investimento consiste na auditoria da companhia-alvo. Esta etapa é crítica para o sucesso do investimento uma vez que é a oportunidade do investidor de PE de explorar os principais aspectos comerciais, jurídicos e financeiros da companhia-alvo, com o objetivo de identificar os pontos positivos e negativos do negócio, e decidir se o ativo identificado está alinhado com a estratégia de negócios do fundo de PE.

[18] ZEISBERGER, Claudia; PRAHL, Michael; WHITE, Bowen. **Mastering Private Equity: Transformation Via Venture Capital, Minority Investments and Buyouts.** 1ª Ed, Londres, UK: Wiley, 2017. p.189.

A auditoria é um processo trabalhoso que envolve um montante significativo de tempo e recursos. Portanto, é importante que o investidor de PE apenas inicie a auditoria naquelas companhias-alvo que possuem potencial atrativo de geração de valor para o fundo. Além disso, o investidor de PE deve aproveitar a oportunidade durante o processo de auditoria para desenvolver o relacionamento com a administração da companhia-alvo, com o objetivo de avaliar a capacidade dos gestores de cumprir com o plano de negócios definido pelo PE para crescimento da companhia.

c. *Execução.* A estratégia de desinvestimento futuro é um critério relevante a ser considerado durante as deliberações do comitê de investimento do fundo de PE sobre as potenciais companhias-investidas. A viabilização de diferentes cenários para saída é fundamental para o sucesso do investimento, uma vez que a melhor estratégia deverá ser definida futuramente de acordo com as condições de mercado no período de maturidade do investimento. Conforme o investimento estiver sendo analisado e estruturado, investidores de PE devem incluir disposições contratuais especificas para maximizar sua influência e controle durante o processo de desinvestimento. Isto é particularmente importante para investimentos onde o PE será acionista minoritário, sem controle sobre as deliberações societárias. Neste sentido, mecanismos que garantem o direito de realização de uma oferta pública inicial (IPO), venda conjunta (*tag-along*), venda forçada (*drag-along*), e resgate de ações são fundamentais para o investidor de PE efetuar sua estratégia de desinvestimento com sucesso. Além disso, para facilitar uma saída de sucesso, incentivos para os administradores da companhia-investida devem ser estruturados de modo que a permanência da equipe de administração por determinado período após a saída do PE, seja uma condição para que tal equipe seja recompensada. Este mecanismo oferece segurança para o potencial comprador após a saída do investidor de PE do quadro acionária da companhia e evita choques de gestão com efeito negativo para companhia-investida. Tais disposições contratuais são geralmente previstas no acordo de acionistas da companhia-investida.

d. *Administração da companhia-investida.* Investidores de PE normalmente definem seu plano de saída da companhia-investida ao longo do período de investimento. Enquanto monitora a performance da companhia com base no seu plano de negócios, o investidor de PE deve considerar especialmente o impacto de determinados projetos e decisões estratégicas no período desejado para execução do desinvestimento. Pontos a serem considerados envolvem o faturamento e fluxo de caixa da companhia no período do desinvestimento, uma vez que possuem efeito direto na definição do preço de aquisição da participação do investidor de PE numa eventual saída. Adicionalmente, o investidor de PE deve enfatizar a gestão operacional e de governança corporativa, não apenas para aprimorar a performance da companhia, mas também para aumentar as chances de uma saída bem-sucedida. Tal aperfeiçoamento gerencial é particularmente relevante quando o plano de desinvestimento envolve uma oferta pública inicial ou a venda para grandes investidores estratégicos.

Por fim, o investidor de PE deve monitorar o mercado para definir o momento mais adequado para saída. Neste sentido, fatores como condições gerais do mercado, liquidez do investimento, avaliação de concorrentes, atividade de IPOs, e ciclos de fusões e aquisições na indústria onde a companhia atua, devem ser considerados para otimizar o processo de desinvestimento[19].

e. *Preparação para saída*. Quando o momento de saída estiver definido, o investidor de PE deve preparar a companhia-investida para o desinvestimento. Não existe uma regra para o processo de desinvestimento, uma vez que as etapas e as partes envolvidas dependem de diversos fatores, inclusive a capacidade interna da companhia-investida de dedicar tempo e pessoal para o desinvestimento, recursos que o investidor de PE pode aplicar no processo de saída, e a complexidade operacional da companhia. No mínimo, a parte vendedora deve preparar demonstrações financeiras atualizadas, documentos contábeis, e organizar as informações mais relevantes de natureza operacional, jurídica e financeira da companhia-investida. Na etapa inicial do processo de venda, ou listagem no caso de IPO, tais informações geralmente são resumidas em um memorando que é usado para atrair potenciais compradores. Em alguns casos, com o objetivo de tornar o processo de venda mais atraente e célere, a companhia-investida prepara um relatório de auditoria atualizado sobre os aspectos financeiros, jurídicos e comerciais (conhecido na prática pelo termo *vendor due diligence report* ou simplesmente VDD). O uso do VDD permite ampliar e facilitar o processo de venda da participação investidor de PE, uma vez que os custos associados a auditoria na companhia-investida serão reduzidos. Os custos para realização de uma VDD devem ser negociados previamente entre o investidor de PE, demais acionistas e a companhia, observados os possíveis mecanismos de desinvesti-

[19] LIPTON, Martin. **Current Developments in Merger and Acquisition. International Bar Association**, Londres, Inglaterra, mar. 2013, v.1, p.711

mento para o momento e quais partes serão beneficiadas pela transação[20].

Uma alternativa comumente utilizada no mercado norte-americano para agilizar o processo de venda da participação detida pelo investidor de PE, bem como aumentar a segurança em relação ao pagamento do preço e fechamento da transação, é a utilização de *staple financing*. Neste tipo de financiamento, um banco se compromete previamente a financiar a aquisição de qualquer comprador envolvido no processo competitivo para aquisição da participação na companhia-investida. O *staple financing* é negociado entre a parte vendedora (aqui, o investidor de PE) e o comprador interessado, com base no VDD, e a liberação dos recursos fica sujeita à assinatura dos documentos definitivos da transação. Com o *staple financing* disponível, reduz-se o risco de fechamento da operação, uma vez que os potenciais compradores passam a contar com uma fonte segura para financiamento do preço de aquisição[21].

Por fim, é comum que o investidor de PE contrate um assessor financeiro para administrar o processo de venda (normalmente, um banco de investimentos) com o objetivo de maximizar o valor de sua parcela na companhia-investida. A contratação de um assessor financeiro torna-se importante principalmente em operações grandes e complexas, que demandam muita atenção do investidor de PE e da administração da Companhia. Em um

[20] LERNER, Josh; LEAMON Ann; HARDYMON Felda. **Venture Capital, Private Equity, and the Financing of Entrepreneurship**. 1ª Ed, Nova Iorque, EUA: Wiley, 2012. p. 484

[21] CENDROWSKI, Harry; PETRO, Louis; MARTIN, James P. **Private Equity History, Governance and Operations.** 2a Ed. Nova Iorque, EUA: Wiley Finance Series, 2017

processo de desinvestimento, a função do assessor financeiro envolve a identificação de potenciais compradores para parcela do investidor de PE, a organização das etapas do processo de venda, a disponibilização de informações para as partes interessadas, e a interlocução entre a parte vendedora, a companhia e os potenciais compradores.

f. *Saída.* Uma saída bem-sucedida é o principal objetivo de uma operação de PE e afeta o processo decisório do investidor ao longo do processo de administração do investimento. Investidores de PE devem considerar detalhadamente as vantagens e desvantagens de diferentes alternativas de saída, bem como as condições mercadológicas, com o objetivo de maximizar o retorno financeiro do investimento.

No Brasil, os principais mecanismos de desinvestimento utilizados pelos gestores de PE são (i) oferta pública de ações, (ii) venda da participação societária para investidores estratégicos ou financeiros, e (iii) recompra da participação societária pela própria companhia ou acionistas originais da companhia-investida, sendo a venda para investidores a estratégia mais comum adotada pelos investidores de PE[22]. Cada mecanismo apresenta vantagens e desvantagens que afetarão a celeridade, complexidade e sucesso da estratégia definida pelo investidor de PE. Nada impede que investidores de PE busquem simultaneamente mais de um caminho para saída, com o objetivo de criar mais oportunidades de desinvestimento, aumentar o preço do ativo, e limitar o risco de erros no método de saída escolhido. No entanto, ao percorrer mais de uma alter-

[22] Rebelo, Nikolai Sosa. Os Investimentos e a Captação de Recursos por Contratos de Private Equity e Venture Capital. **Revista Síntese de Direito Empresarial**, São Paulo-SP, nov./dez. 2012, v.29, p.201-234

nativa de desinvestimento, o investidor de PE deve considerar os custos envolvidos e a demanda que o processo de desinvestimento gerará para a administração da companhia-investida. Conforme explorado em maiores detalhes no Capítulo 4 abaixo, cada estratégia de saída possui suas vantagens e desvantagens que afetarão a celeridade, complexidade, e sucesso na etapa de desinvestimento.

3. Mecanismos de Desinvestimento

3.1. Aspectos Jurídicos e Contratuais para Efetivação do Desinvestimento

Gestores de PE não investem em uma transação com a intenção de manter sua participação societária e operar a companhia-investida por um período indeterminado. O objetivo do gestor de PE é liquidar o investimento com um retorno substancial quando o valor da companhia-investida tenha sido maximizado por meio de uma gestão eficiente, o que comumente ocorre entre 3 a 5 anos após o investimento inicial na companhia[23].

Assim, quando o gestor de PE estiver estruturando juridicamente o seu investimento inicial, este deve planejar desde o início as suas estratégias de saída. Neste sentido, os contratos assinados no âmbito do investimento inicial devem conter determinados direitos do gestor de PE para que este possa controlar o andamento, período e termos do desinvestimento (Direitos de Saída). Os Direitos de Saída são particularmente importantes quando no momento em que o gestor deve executar sua estratégia de saída para liquidação do investimento, este não detém o controle da companhia-investida. Ainda assim, mesmo quando o gestor de PE possui o controle da companhia-investida, a execução do mecanismo de saída pode exigir

[23] LEVIN, Jack S. **Structuring Venture Capital, Private Equity, and Entrepreneurial Transactions**. 2017 Ed, Nova Iorque, EUA: Wolters Kluwer, 2017.

a cooperação de outros acionistas, que eventualmente podem não estar alinhados com o gestor de PE em termos de preço, *timing*, e outras condições determinantes da estratégia de saída. Portanto, é fundamental que o gestor de PE assegure contratualmente direitos que permitam o controle da estratégia de saída do investimento.

O principal instrumento por meio do qual o investidor de PE assegura seus Direitos de Saída é o acordo de acionistas da companhia-investida. Por meio do acordo de acionistas, os sócios possuem liberdade para regular diversas situações especificas envolvendo direitos políticos e econômicos de cada parte que não poderiam ser definidas no estatuto da companhia, uma vez que este sofre diversas limitações impostas por lei. Adicionalmente, de acordo com o artigo 118 da Lei das S.A., a companhia deve observar os direitos e obrigações constantes no acordo de acionistas arquivado na sede da companhia. Assim, por regular a relação societária entre os acionistas, com efeitos perante as partes signatárias e terceiros (desde que o acordo seja arquivado na sede da companhia), será por meio do acordo de acionistas que os principais direitos e obrigações dos investidores serão regulados durante o processo de investimento e desinvestimento na companhia-investida.

A estrutura jurídica para garantia dos direitos de saída e controle dos mecanismos de desinvestimento pelo investidor de PE pode ser dividida em 3 etapas: criação, manutenção e execução. Abaixo, a estrutura jurídica detalhada por etapa e instrumentos utilizados considerando a companhia-investida como uma sociedade anônima de capital fechado, tipo societário mais comum para companhias-investidas em operações de PE:

a. *Criação: Acordo de Acionistas, Contrato de Compra e Venda de Ações/Acordo de Investimento, e Livro de Registro de Ações.* O investidor de PE deve negociar a inclusão dos direitos de saída nos documentos definitivos da operação que regula sua entrada no quadro de acionistas da companhia-investida. Neste sentido, em termos contratuais e societários, uma forma de refletir tal estrutura é: (i) inserir cláusula de execução específica no novo acordo de acionistas da companhia-investida, (ii) inserir os direitos de saída no novo acordo de acionistas da companhia-investida, (iii) inserir, como condição precedente para o fechamento da operação, a assinatura do novo acordo de acionistas da companhia-investida por todos os acionistas originais e o investidor de PE, e (iv) registrar no livro de registro de ações da companhia-investida a celebração do novo acordo de acionistas.

b. *Manutenção: Acordo de Acionistas e Livro de Registro de Ações.* Para manutenção dos direitos de saída ao longo do período de investimento, é fundamental que o novo acordo de acionistas vincule todos os acionistas, ou ao menos a maioria qualificada que exerce o controle da companhia, de modo que as obrigações ali constantes (incluindo os direitos de saída do investidor de PE) sejam preservadas. Neste sentido, faz-se necessário atualizar o novo acordo de acionistas e o livro de registro de ações sempre que a estrutura societária da companhia-investida seja alterada com a entrada, saída ou reconfiguração da participação dos acionistas.

c. *Execução: Acordo de Acionistas, Livros Societários, Contrato de Compra e Venda de Ações, e Atas de Assembleia Geral/Conselho de Administração.* Os instrumentos contratuais e societários a serem utilizados para execução dos direitos de saída dependerão da estratégia de desinvestimento definida pelo investidor de PE. Os itens 4.2, 4.3, e 4.4 abaixo, detalham a estrutura jurídica de cada mecanismo de saída.

3.2. Oferta Pública Inicial

A abertura de capital da companhia por meio de uma oferta pública inicial de ações ("IPO" do termo em inglês *Initial Public Offer*), permite que o investidor de PE saia do investimento através da venda de suas ações em bolsa. Normalmente, as condições do IPO não permitirão que o investidor de PE realize o desinvestimento da totalidade de sua participação na companhia, uma vez que a venda de volumes relevantes de ações logo após o IPO pode impactar negativamente o preço das ações listadas. Na maioria dos casos, o investidor de PE mantém parcela de sua participação por um determinado período (*lock-up period*), e posteriormente realiza a saída total do investimento por meio de ofertas públicas subsequentes ao IPO, comumente chamadas pelo termo em inglês *follow-on*.

3.2.1. Vantagens

A utilização do IPO para saída do investimento apresenta vantagens relevantes para o investidor de PE. Historicamente, os IPOs têm gerado as maiores taxas de retorno para o investidor de PE em comparação com outros mecanismos de saída[24]. Além do valor realizado inicialmente por meio da listagem das ações em bolsa, a manutenção da propriedade de parte das ações não negociadas no IPO permite que o investidor de PE se beneficie por meio da liquidez do investimento e valorização futura da companhia. Assim, o investidor poderá acompanhar diariamente o valor das ações listadas e ter controle sobre o período em que executará a saída total do investimento via *follow-on*.

Além do retorno financeiro, a publicidade e benefícios reputacionais gerados por um IPO bem-sucedido, ajudarão o inves-

[24] ZEISBERGER, Claudia; PRAHL, Michael; WHITE, Bowen. **Mastering Private Equity: Transformation Via Venture Capital, Minority Investments and Buyouts.** 1ª Ed, Londres, UK: Wiley, 2017.

tidor de PE na captação de recursos para futuros investimentos no mercado. Outra vantagem relevante do IPO é que o anúncio da oferta por si só pode agilizar propostas por investidores estratégicos e financeiros interessados na companhia-investida, gerando alternativas para o investidor de PE decidir qual o melhor caminho a seguir: IPO ou venda direta de sua participação.

3.2.2. Desvantagens

Por outro lado, o caminho até o lançamento das ações em bolsa é complexo e oneroso. Falhas em qualquer etapa do processo de listagem podem afetar negativamente a credibilidade da companhia-investida e do investidor de PE, prejudicando tentativas futuras de desinvestimento. O mercado para IPOs é notoriamente cíclico e diretamente relacionado a volatilidade macroeconômica do país, o que consequentemente aumento o risco da operação. Eventos políticos e econômicos no cenário interno e externo podem afetar negativamente o interesse de investidores e inviabilizar a oferta.

Adicionalmente, o custo para uma operação de IPO é alto em relação a outras modalidades de desinvestimento. Custos do IPO incluem a comissão para o coordenador da oferta (*underwriter*), honorários para assessores legais e contábeis, despesas para impressão de documentos, e demais taxas envolvidas na operação, que ao final correspondem a aproximadamente de 10% a 15% do valor a ser captado. Além disto, a companhia-investida normalmente é precificada com um desconto para atrair investidores, o que prejudica o valor da parcela do investidor de PE na oferta.

Ainda, em termos de administração da companhia-investida, o processo de IPO apresenta desafios consideráveis. A preparação da companhia para listagem e o cumprimento das exigências da CVM demandam grande atenção da administração que, paralelamente, deve continuar a operar os negócios. Caso a administração da Companhia não esteja preparada e bem organizada para enfrentar o processo de preparação para o IPO, a operação do negócio pode ser negativamente afetada.

Outro ponto relevante a ser considerado pelo investidor de PE como resultado do IPO é a perda de influência na administração da companhia. Normalmente, quando a parcela inicial do fundo de PE é liquidada no IPO, os administradores indicados pelo fundo renunciam para evitar situações de *insider trading* em vendas futuras. Assim, a capacidade de influência do investidor de PE na administração da companhia-investida após o IPO fica consideravelmente limitada.

3.2.3. Estrutura Jurídica

Conforme mencionado no item 4.2.2 acima, o investidor de PE deve assegurar seus direitos de saída por meio de instrumentos contratuais e societários, com o objetivo de controlar a estratégia de desinvestimento da companhia-investida. Em relação a modalidade de desinvestimento via IPO, o investidor de PE deve negociar a inclusão de cláusula específica no novo acordo de acionistas da companhia-investida que assegure o direito de exigir um processo de abertura de capital e registro da companhia como emissora de valores mobiliários perante a CVM[25]. Deste modo, é fundamental que a clausula ainda contenha as seguintes disposições:

a. *Condições para exercício do direito de exigir IPO*: Os acionistas da companhia devem determinar principalmente o prazo, metas financeiras da companhia-investida, e con-

[25] Levin, Jack S. **Structuring Venture Capital, Private Equity, and Entrepreneurial Transactions**. 2017 Ed, Nova Iorque, EUA: Wolters Kluwer, 2017. p.903.

dições mercadológicas a serem observadas para que o direito de exigir IPO seja exequível pelo investidor de PE.

b. *Aprovação pelos demais acionistas*: Os acionistas da companhia devem se comprometer a adotar os atos societários aplicáveis para aprovar a operação de IPO.
c. *Adequação de Regras*: Os acionistas da companhia devem se comprometer a (i) adotar os atos necessários para adequar à companhia-investida às regras do segmento de listagem escolhido na B3 (Novo Mercado, Nível 1, Nível 2 etc.), (ii) solicitar o registro de emissor de valores mobiliários na categoria "A"[26], e (iii) solicitar o registro de oferta pública de distribuição primária de ações de sua emissão perante a CVM.
d. *Composição da oferta*: Os acionistas da companhia em conjunto com o coordenador da oferta devem definir o montante do IPO correspondente à (i) emissão de novas ações emitidas pela companhia-investida (parcela primária), e (ii) venda de ações da companhia-investida detidas pelos acionistas (parcela secundária). Para segurança do investidor de PE, é recomendável que a composição do IPO esteja previamente definida no novo acordo de acionistas da companhia vigente à época do IPO.
e. *Custos e Despesas*: Os acionistas da companhia devem definir qual parte arcará com os custos e despesas incorridos na preparação e efetivação do IPO. A divisão dos custos e despesas entre a companhia e acionistas deve ser proporcional às parcelas primária e secundária que compõem o IPO, sendo a companhia responsável pelo pagamento do montante proporcional à parcela primária e os acionistas proporcionalmente à parcela secundária.

[26] Instrução CVM 480, art. 2º: o registro na categoria "A" autoriza a negociação de quaisquer valores mobiliários do emissor.

3.3. Venda para Investidor Estratégico ou Financeiro

O desinvestimento por meio da venda da participação societária para investidor estratégico ou financeiro é a modalidade de saída mais comum no mercado brasileiro[27]. Normalmente, essas operações são menos custosas que um IPO, concluídas mais rapidamente, e oferecem para o investidor de PE mais flexibilidade e controle sobre o processo de saída do que o IPO, que é diretamente regulado pela CVM e coordenado por uma instituição financeira (o *underwriter*).

Os compradores da participação do investidor de PE na companhia-investida podem ser divididos em investidores estratégicos e investidores financeiros. Os investidores estratégicos são companhias locais ou internacionais que operam ou possuem interesse em operar no setor da companhia-investida. Já os investidores financeiros são entidades que não operam no setor, mas tem interesse no investimento pelo potencial de retorno financeiro do negócio. Exemplo de investidores financeiros são outros fundos de PE, fundos de hedge, e *family offices*. As vantagens e desvantagens de uma venda para um investidor estratégico podem ser substancialmente distintas daquelas verificadas em uma venda para um investidor financeiro.

3.3.1. Vantagens da Venda para Investidor Estratégico

As vantagens de um processo de venda para um investidor estratégico são significantes para o investidor de PE. Primeiro, caso o comprador estratégico verifique um potencial de sinergia alto entre as companhias, a avaliação da companhia-investida tende a ser superior ao determinado por investidores financeiros.

Outra vantagem é que a experiência do investidor estratégico no setor de atuação da companhia-investida reduz o escopo

[27] ABVCAP – Associação Brasileira de Private Equity e Venture Capital. Inside PE in Brazil, 2017. Disponível em <http://www.abvcap.com.br/industria-de-pe-vc/sobre-o-setor>. Acesso em 19 mar. 2018.

e traz celeridade ao processo de auditoria a ser conduzido no âmbito da operação, o que, consequentemente, também reduz o tempo e recursos da administração da companhia-investida incorridos na transação[28].

3.3.2. Desvantagens da Venda para Investidor Estratégico

Por outro lado, a venda para um investidor estratégico apresenta pontos de atenção relevantes para o investidor de PE. O risco de sofrer alguma exigência por órgão de controle concorrencial é mais elevado. De acordo com a Lei 12.529/11[29] ("Lei de Defesa da Concorrência"), em determinadas situações, as partes da operação de compra e venda de participação societária devem obter aprovação prévia do Conselho Administrativo de Defesa Econômica (CADE) para o fechamento da operação. Assim, caso os critérios de notificação prévia previstos na Lei de Defesa da Concorrência sejam verificados na operação de venda da participação pelo investidor de PE, o tempo até o fechamento da transação poderá ser superior ao de uma venda para investidor financeiro. Além disto, outro fator que poderá atrasar o processo de desinvestimento é a falta de experiência do investidor estratégico com operações de fusões e aquisições,

[28] ZEISBERGER, Claudia; PRAHL, Michael; WHITE, Bowen. **Mastering Private Equity: Transformation Via Venture Capital, Minority Investments and Buyouts.** 1ª Ed, Londres, UK: Wiley, 2017.p. 193

[29] Lei 12.529/11. Artigo 88. Serão submetidos ao Cade pelas partes envolvidas na operação os atos de concentração econômica em que, cumulativamente:
I – pelo menos um dos grupos envolvidos na operação tenha registrado, no último balanço, faturamento bruto anual ou volume de negócios total no País, no ano anterior à operação, equivalente ou superior a R$ 400.000.000,00 (quatrocentos milhões de reais); e
II – pelo menos um outro grupo envolvido na operação tenha registrado, no último balanço, faturamento bruto anual ou volume de negócios total no País, no ano anterior à operação, equivalente ou superior a R$ 30.000.000,00 (trinta milhões de reais).

uma vez que tais operações não fazem parte da atividade principal do comprador.

Adicionalmente, importante destacar que investidores estratégicos comumente buscam a aquisição do controle da companhia-investida, o que pode dificultar a venda de uma participação minoritária por um investidor de PE. Ainda, o envolvimento de investidores que competem no mesmo setor da companhia-investida, apresenta um risco estratégico no sentido que concorrentes podem acessar informações estratégicas relevantes para o negócio da companhia-investida, principalmente durante o processo de auditoria. Além disto, a troca de informações sensíveis por companhias concorrentes pode ser considerada prática de *gun jumping*[30], vedada pela Lei de Defesa da Concorrência, sujeitando as partes envolvidas no ato ilícito a pena de multa pecuniária no valor de R$60.000,00 a R$60.000.000.

Outra desvantagem verificada na venda para investidores estratégicos é a potencial resistência da administração da companhia-investida. Tendo em vista que, provavelmente, o investidor estratégico buscará substituir os administradores da companhia para implementar seu modelo de gestão, a administração da companhia pode se mostrar resistente ao processo de venda para um investidor estratégico e criar dificuldades para operação. Além disso, caso ocorra um processo competitivo para venda da participação do investidor de PE na companhia-investida, os administradores da companhia podem tentar favorecer um comprador sobre outros em virtude de potenciais benefícios e remuneração. Assim, com o objetivo de assegurar

[30] *Gun jumping* é caracterizado pelas seguintes práticas no período anterior à obtenção da aprovação da operação pelo CADE: (i) troca de informações concorrencialmente sensíveis; (ii) definição de cláusulas contratuais que impliquem uma integração prematura; e (iii) condução de certas atividades que caracterizem a efetiva consumação de ao menos parte da operação.

a independência do processo de venda e garantir que a melhor oferta para o investidor de PE seja selecionada, independente dos efeitos para administração, o investidor de PE deve limitar a interação entre a administração da companhia-investida e potenciais compradores até o estágio final do processo de venda.

3.3.3. Vantagens da Venda para Investidor Financeiro

Investidores financeiros comumente adquirem participação na companhia-investida por meio de operações secundárias com outros investidores financeiros. Na qualidade de compradores com experiência no mercado de aquisições e capital suficiente para fechar a transação, os investidores financeiros oferecem maior segurança em relação ao fechamento do negócio, bem como capacidade para executar o negócio de forma mais rápida que investidores estratégicos, sem experiência em fusões e aquisições. Outra vantagem nas transações entre o investidor de PE como vendedor, e investidores financeiros como comprador, verifica-se na negociação da estrutura de governança corporativa e demais direitos societários da parte ingressante na companhia-investida[31]. Tendo em vista que os direitos do investidor de PE, ora vendedor da participação na companhia-investida, geralmente são similares ao do investidor financeiro ingressante na companhia-investida, a negociação com os demais acionistas da companhia-investida se torna mais fácil e rápida.

Além disto, ao contrário de transações com investidores estratégicos que na maioria dos casos buscam o controle da companhia e aquisição completa da participação detida pelo investidor de PE, os investidores financeiros podem oferecer uma saída parcial ao investidor de PE, adquirindo uma parcela

[31] LERNER, Josh; LEAMON Ann; HARDYMON Felda. **Venture Capital, Private Equity, and the Financing of Entrepreneurship**. 1ª Ed, Nova Iorque, EUA: Wiley, 2012. p. 484

de sua participação[32]. A saída parcial do investimento na companhia-investida deve ser considerada pelo investidor de PE principalmente quando as condições mercadológicas não sejam favoráveis para um IPO ou venda para um investidor estratégico, assegurando assim a possibilidade de um desinvestimento completo no futuro, em condições de mercado mais favoráveis.

3.3.4. Desvantagens da Venda para Investidor Financeiro

Transações com investidores financeiros também apresentam dificuldades significantes a serem consideradas pelo PE vendedor. Ao contrário de investidores estratégicos que possuem maior familiaridade com o setor de atuação e atividade da companhia-investida, investidores financeiros normalmente não possuem expertise operacional específico e, portanto, exigem um processo de auditoria mais detalhado e longo para avançar na transação. Adicionalmente, tendo em vista que investidores financeiros não possuem sinergias operacionais com a companhia-investida, e consequentemente não consideram eventual ganho de natureza operacional no seu custo de aquisição, estes tendem a ser mais sensíveis na negociação do preço de aquisição e acabam oferecendo montantes inferiores em comparação com investidores estratégicos.

Adicionalmente, em muitas transações, investidores financeiros não financiam a aquisição com recursos próprios, mas por meio de dívida contraída com terceiros. Tal estrutura eleva o risco de a transação não ser fechada, uma vez que o investidor financeiro pode não obter o montante necessário para pagamento do preço de aquisição. Nesta situação, é comum que uma indenização por não fechamento seja exigida do investidor

[32] CENDROWSKI, Harry; PETRO, Louis; MARTIN, James P. **Private Equity History, Governance and Operations.** 2a Ed. Nova Iorque, EUA: Wiley Finance Series, 2017. p.343.

financeiro (tal disposição é conhecida como *reverse break-up fee*), porém tal indenização pode não ser suficiente para mitigar o risco e dano causado ao investidor de PE e companhia-investida pelo não fechamento da transação.

3.3.5. Estrutura Jurídica

Para assegurar seus Direitos de Saída, é fundamental que o investidor de PE negocie a inclusão de cláusulas especificas no acordo de acionistas da companhia-investida com o objetivo de aumentar a liquidez de sua participação e exercer maior controle no processo de desinvestimento. Neste sentido, as cláusulas sobre direito de venda conjunta (*tag along*), direito de venda forçada (*drag along*), opções de compra e venda (*put/call options*), e direitos de veto são essenciais para o investidor de PE no momento da estruturação jurídica de seu investimento[33].

a. *Direito de venda conjunta (tag along).* O direito de venda conjunta, conhecido na prática pelo termo em inglês *tag along*, confere ao acionista o direito de venda conjunta de sua participação na companhia-investida em conjunto com o acionista alienante. Neste caso, primeiro o acionista alienante deverá notificar os demais acionistas sobre sua intenção de venda e, após resposta dos acionistas interessados, o acionista alienante deverá incluir a participação dos demais acionistas na proposta de venda original. Os termos e condições para exercício do direito de venda conjunta pelos acionistas devem constar no novo acordo de acionistas a ser arquivado na sede da companhia-investida. Em companhias abertas, o direito de venda conjunta está previsto no artigo 254-A da Lei das S.A., assegurando aos

[33] LEVIN, Jack S. **Structuring Venture Capital, Private Equity, and Entrepreneurial Transactions**. 2017 Ed, Nova Iorque, EUA: Wolters Kluwer, 2017.

acionistas minoritários o preço mínimo de 80% (oitenta por cento) do valor pago pelas ações integrantes do bloco de controle objeto da alienação. Neste caso, a cláusula de *tag along* serve como um mecanismo de proteção para acionistas minoritários que garante a estes o direito de deixar a companhia, caso o controle desta seja adquirido por um investidor ou novo grupo de investidores que até então não exercia o controle da companhia.

No caso de companhias fechadas, tipo societário mais comum em operações de PE, os valores podem ser livremente negociados, e o preço mínimo a ser pago aos acionistas minoritários pode ser diferente daquele constante no artigo 254-A da Lei das S.A.. Em operações de PE, geralmente a cláusula de *tag along* garante ao investidor de PE 100% (cem por cento) do valor pago pelas ações objeto da oferta original.

b. *Direto de venda forçada (drag along)*. O direito de venda forçada, conhecido na prática pelo termo em inglês *drag along*, confere ao acionista vendedor o direito de exigir outros acionistas a venderem conjuntamente sua participação na companhia-investida. Neste caso, mediante notificação do acionista vendedor, os demais acionistas notificados deverão aderir à proposta de venda de participação originalmente recebida pelo acionista vendedor. Os termos e condições para exercício do direito de venda forçada pelos acionistas devem constar no novo acordo de acionistas a ser arquivado na sede da companhia-investida.

Para maior segurança dos acionistas da companhia-investida, é fundamental que requisitos objetivos sejam definidos no acordo de acionistas para que um acionista adquira o direito de exercer o *drag along*. Neste sentido, os acionistas devem regular a periodicidade, participação vinculada, valor mínimo, despesas relacionadas, e demais termos para o exercício do direito de venda forçada. Geralmente, com o objetivo de garantir a permanência e comprometimento de um acionista por determinado período, as partes definem um período de restrição à transferência para terceiros, conhecido na prática como *lock-up period*. Durante o período de *lock-up*, fica vedado o exercício do direito de venda forçada. Outro requisito fundamental que deve ser incluído no dispositivo de *drag along* previsto no acordo de acionistas é a definição expressa das ações detidas por cada acionista que estão sujeitas ao direito de venda forçada. Esta previsão é particularmente importante em companhias que possuem diferentes classes de ações. Além disto, os acionistas devem definir qual o valor mínimo e demais termos da proposta de venda que serão considerados para o exercício do *drag along*. A definição do valor mínimo e demais termos é relevante para evitar que a companhia seja vendida a valor abaixo do seu preço justo de mercado (*fair market value*). Sob o ponto de vista do investidor de PE, é melhor que os requisitos de periodicidade e, principalmente, de valor mínimo sejam respectivamente curto e com valor baixo, de modo que o investidor de PE possa ter maior flexibilidade e controle para negociar a venda de sua participação na companhia-investida.

O *drag along* é o mecanismo mais importante para garantir liquidez e controle no desinvestimento para o investidor de PE. Com este direito, o investidor de PE pode buscar livremente partes interessadas na aquisição não só de sua participação, mas também na aquisição do controle ou de toda a companhia-investida, como preferem os investidores estratégicos. Desta forma, o dispositivo de drag along permite que o investidor de PE amplie a busca por potenciais compradores a investidores financeiros e estratégicos, aumentando assim a liquidez do seu ativo, poder de negociação, e o controle do processo de desinvestimento para identificação da melhor proposta para venda de sua participação na companhia-investida.

c. *Opção de compra e venda (put and call option).* A opção de compra e venda de participação societária na companhia-investida pode ser regulada no acordo de acionistas ou em instrumento próprio. A opção de compra, conhecida na prática pelo termo em inglês *call option*, confere ao acionista o direito de adquirir novas ações emitidas pela companhia ou ações detidas por outros acionistas. Assim, caso o acionista titular da *call option* exerça a opção, outro acionista deverá vender ou a companhia deverá emitir novas ações, observado os termos e condições previamente ajustados para exercício de tal opção. No âmbito do processo de desinvestimento e Direitos de Saída do investidor de PE, a opção de compra não possui relevância prática, uma vez que tal investidor busca a saída do investimento, e não o aumento de sua participação na companhia.

   Por outro lado, a opção de venda é um mecanismo relevante para o investidor de PE no que diz respeito à sua saída da companhia. A opção de venda, conhecida na prática pelo termo em inglês *put option*, confere ao acionista o direito de vender sua participação para os demais acionistas ou para própria companhia. Assim, caso o acionista titular da *put option* exerça a opção para venda de suas ações, outro acionista ou a companhia ficam obrigados a adquirir tal participação nos termos e condições previamente ajustados.

   A opção de venda por um valor predeterminado é de interesse do investidor de PE uma vez que esta cria uma proteção contra eventual desvalorização de sua participação na companhia-investida, bem como assegura seu direito de saída, fornecendo maior controle sobre o *timing* do processo de desinvestimento. Neste sentido, a *put option* é especialmente relevante nas situações adversas em que o investidor de PE não possui expectativa de melhora da companhia, ou já verificou o fracasso do investimento.

d. *Direitos de veto.* Na estruturação de seu investimento, o investidor de PE deve buscar proteção de sua participação societária por meio de mecanismos de governança das atividades na companhia-investida a serem incluídos no acordo de acionistas celebrado com os demais acionistas. Os direitos de veto sobre determinadas decisões estratégicas da companhia figuram como um dos principais mecanismos para controle e proteção do investidor de PE.

   Neste sentido, os direitos de veto servem para impedir que os demais acionistas da companhia-investida adotem deliberações societárias relevantes com impacto na governança e estrutura acionária da companhia, sem a participação do investidor de PE. Matérias como alteração do objeto social, composição e funcionamento do conselho de administração, transferência ou emissão de ações, concessão de opções, captação de recursos em montante significativo, aquisições, fusão, cisão, incorporação, ou pedido de falência da companhia-investida devem estar sujeitas ao veto do investidor de PE por meio de voto direto na assembleia geral de acionistas, ou indiretamente, caso a matéria seja objeto de reunião do conselho de administração, por meio de voto de membro do conselho indicado pelo investidor de PE.

   O objetivo do poder de veto pelo investidor de PE não será impedir decisões rotineiras para operação da companhia, mas principalmente controlar a alienação de ativos relevantes e a estrutura de governança corporativa. Além disso, os direitos de veto servem também para evitar a diluição desproporcional da participação do investidor de PE, bem como para impedir alterações de controle que podem afetar o planejamento estratégico definido pelo investidor de PE na sua entrada.

O mecanismo de veto é particularmente importante quando o investidor de PE detém uma participação minoritária na companhia, uma vez que nesta situação os demais acionistas da companhia podem aprovar deliberações societárias relevantes sem a participação, ou mesmo com voto contrário, do investidor de PE na qualidade de acionista minoritário.

3.4. Recompra pela Companhia ou Acionistas Originais

Nesta modalidade de desinvestimento a companhia-investida ou os acionistas originais adquirem a participação acionária detida pelo investidor de PE por meio de ações resgatáveis ou exercício de opções de compra e venda.

No caso das ações resgatáveis, a companhia utiliza recursos alocados em uma conta de reserva para recompra, resgate, e posterior cancelamento das ações detidas pelo investidor, por meio de redução do capital social da companhia-investida. Na recompra por meio de opções de compra e venda, o investidor de PE exerce sua opção de venda e os acionistas originais ou a própria companhia adquirem tal participação[34].

[34] REBELO, Nikolai Sosa. Os Investimentos e a Captação de Recursos por Contratos de Private Equity e Venture Capital. **Revista Síntese de Direito Empresarial**, São Paulo-SP, nov./dez. 2012, v.29, p.201-234.

3.4.1. Vantagens da Recompra

A principal vantagem em adotar um mecanismo de recompra de participação na companhia-investida é a redução do risco no investimento realizado pelo investidor de PE. Caso a companhia-investida não atraia interesse do mercado para uma eventual abertura de capital, ou venda para outros investidores financeiros ou estratégicos, a recompra da participação pela companhia ou demais acionistas da companhia, apresenta uma alternativa interessante para o investidor de PE efetuar sua saída da companhia no período desejado e sem prejuízo financeiro. Neste sentido, a alternativa de recompra é utilizada como uma estratégia alternativa caso as opções de saída via IPO ou venda para terceiros não estejam disponíveis.

3.4.2. Desvantagens da Recompra

Geralmente não há retorno financeiro significativo no desinvestimento via recompra das ações detidas pelo investidor de PE. Assim, lembrando que os investidores de PE assumem altos riscos em busca de altos retornos no investimento, tal modalidade de saída é a menos desejada pelos investidores. Adicionalmente, a saída via recompra é mal avaliada pelo mercado, impacta negativamente o histórico do fundo de PE, e consequentemente, dificulta futuras captações de recursos pelo gestor de PE.

3.4.3. Estrutura Jurídica

A estrutura da recompra deve ser formalizada pelo investidor de PE e demais acionistas no fechamento da transação que resultou na entrada do investidor de PE na companhia-investida por meio de inclusão de cláusulas específicas no estatuto social, acordo de investimento, e acordo de acionistas da companhia.

a. *Opções de Compra e Venda.* No acordo de acionistas, a ser celebrado no fechamento da transação de entrada do investidor de PE na companhia-investida, deve ser incluído o mecanismo de opções de compra e venda a ser exercido pelo investidor de PE, uma vez observados determinados critérios. Tais opções de compra e venda, permitirão que o investidor de PE controle a periodicidade do desinvestimento na companhia-investida.

b. *Ações resgatáveis.* A utilização de ações resgatáveis como mecanismo de saída envolve também a criação de uma reserva de capital para aquisição de tais ações. O primeiro passo para estruturação da recompra via ações resgatáveis é a inclusão de clausula específica no acordo de investimento celebrado entre a companhia e o investidor de PE prevendo a criação de uma nova classe de ações preferenciais resgatáveis.

O segundo passo é a inclusão, no novo acordo de acionistas da companhia, de regras para regular o resgate. Tais regras envolvem as condições e periodicidade a serem observadas pelos acionistas para aprovação societária e efetuação do resgate.

Por fim, os acionistas devem alterar o estatuto social da companhia-investida para criação de reserva estatutária em montante suficiente para aquisição das ações resgatáveis. Desta forma, uma vez exercido o direito para que as ações de titularidade do investidor de PE sejam resgatadas, a companhia deverá utilizar os recursos da reserva estatutária para aquisição de tais ações, e posterior redução do capital social.

3.5. Sumário das Vantagens e Desvantagens

O quadro abaixo sumariza as vantagens e desvantagens de cada estratégia de desinvestimento detalhadas nos itens 4.2 a 4.4 acima:

Modalidade	Vantagens	Desvantagens
Oferta Pública Inicial (IPO)	• Potencial de altos retornos • Aumento da liquidez • Apoio da administração • Publicidade e benefícios reputacionais	• Complexidade • Onerosidade • Período de *lock-up* • Alto risco mercadológico • Incerteza sobre o retorno • Risco de perda de influência na gestão da companhia.
Venda para Investidor Estratégico	• Venda total • Maior preço de aquisição em virtude de potenciais sinergias • Celeridade no processo de auditoria	• Comprador menos sofisticado pode prolongar e dificultar a negociação • Investidores estratégicos exigem aquisição de controle
Venda para Investidor Financeiro	• Possibilidade de saída parcial • Comprador sofisticado torna a negociação mais rápida e eficiente	• Processo de auditoria mais longo • Menor preço de aquisição em virtude da ausência de sinergia.
Recompra pela companhia ou acionistas originais	• Redução do risco do investimento • Retorno do investimento para os investidores do fundo, mesmo que IPO e venda para terceiros não estejam indisponíveis.	• Nulo ou baixo retorno financeiro sobre o investimento. • Efeitos negativos na reputação do investidor de PE e histórico do fundo.

Conclusão

Após décadas de desenvolvimento do mercado de capitais brasileiro, as operações de PE assumiram posição de destaque no ambiente de negócios nacional. Com a abertura econômica, estabilização monetária, controle da inflação, e adoção de regras compatíveis com o mercado de investimentos internacional, o Brasil desponta como um mercado emergente atrativo para investidores de PE.

Com o advento principalmente da ICVM 578 e 579, que aproximaram o ambiente regulatório brasileiro ao de mercados mais desenvolvidos, e consolidação de um mercado de capitais pujante, os agentes participantes de operações de PE tem à disposição diferentes mecanismos para liquidação de seus investimentos. Neste sentido, especial atenção deve ser dada à escolha do mecanismo de saída. A saída de uma companhia-investida é a etapa mais desafiadora para os gestores de PE, uma vez que o processo decisório envolve condições mercadológicas voláteis, eventos macroeconômicos inesperados, e alinhamento estratégico com os demais acionistas da companhia.

Não existe uma fórmula universal de saída para aplicação em operações de PE, nem estratégias de desinvestimento corretas ou erradas. Cada transação possui suas particularidades e o gestor de PE, em conjunto com seus assessores jurídicos e financeiros, deve avaliar a situação da companhia e do mercado para definir quais mecanismos adotar. Importante ressaltar que o processo de desinvestimento começa já na negociação da entrada do investidor na companhia-investida, com a adoção de estrutura jurídica adequada para proteção do investimento e controle da futura estratégia de desinvestimento.

O presente estudo buscou apresentar os principais aspectos jurídicos das formas mais comuns de desinvestimento, com o objetivo de contribuir para uma avaliação jurídica adequada durante o processo decisório enfrentado pelo investidor de PE no momento de sua saída.

Isto posto, conclui-se que não há caminhos simples para o desinvestimento. Seja uma oferta pública de ações, venda para investidor estratégico, ou a recompra pela própria companhia, todas as alternativas de saída exigem uma estrutura jurídica adequada, bem como acompanhamento contínuo do mercado e da companhia pelo investidor de PE. Sob a ótica do investidor de PE, o mais relevante é a aplicação de uma estrutura jurídica que permita flexibilidade e controle em relação a estratégia de desinvestimento, de modo que este possa determinar o período desejado, e a forma mais adequada para maximização do valor criado na companhia-investida.

Referências

ABDI - AGÊNCIA BRASILEIRA DE DESENVOLVIMENTO INDUSTRIAL. Segundo Censo Brasileiro – A Indústria de Private Equity e Venture Capital. São Paulo, 2009. 434p.

ABVCAP – Associação Brasileira de Private Equity e Venture Capital. Perspectiva dos Investidores sobre Private Equity e Venture Capital no Brasil, 2017. Disponível em <http://www.abvcap.com.br/industria-de-pe-vc/sobre-o-setor>. Acesso em 14 mar. 2018.

ABVCAP – Associação Brasileira de Private Equity e Venture Capital. Inside PE in Brazil, 2017. Disponível em <http://www.abvcap.com.br/industria-de-pe-vc/sobre-o-setor>. Acesso em 19 mar. 2018.

BERNARDINO, Diogo. Fundos de Venture Capital e Private Equity: Breve Análise sobre sua Evolução, Características e Importância. **Revista de Direito Bancário e do Mercado de Capitais**, São Paulo-SP, jul./set. 2013, v.61, p.45.

CASTRO, Leonardo Freitas de Moraes. **Mercado Financeiro e de Capitais: Regulação e Tributação**. 1ª Ed, São Paulo-SP: Quartier Latin, 2015. p. 5985.

CENDROWSKI, Harry; PETRO, Louis; MARTIN, James P. **Private Equity History, Governance and Operations.** 2a Ed. Nova Iorque, EUA: Wiley Finance Series, 2017.

ENEI, José Virgílio Lopes. O Capital de Risco e o Private Equity no Brasil: A Nova Lógica do Investimento. In: ADAMEK, Marcelo Vieira von. **Temas de Direito Societário e Empresarial Contemporâneos**. São Paulo-SP: Malheiros, 2011. p.713-737.

FREITAS, Ricardo de Santos. **Natureza Jurídica dos Fundos de Investimento**, 3ª Ed. São Paulo-SP: Quartier Latin, 2016. p.287.

FREITAS, Bernardo Vianna. **Fundos de Investimento: Aspectos Jurídicos, Regulamentares e Tributários**. 1ª Ed. São Paulo-SP: Quartier Latin, 2015. p.157-228.

GUZMAN, Antonio Carlos Marchetti. Os Fundos de Investimento em Participações (FIP) como Instrumento de Desenvolvimento do Mercado de Private Equity no Brasil. In: MOSQUERA, Roberto Quiroga. **O Direito Tributário e o Mercado Financeiro e de Capitais**. São Paulo-SP: Dialética, 2009. p.85-105.

KOZLOWSKI, W. Breves Notas de Governança Corporativa Acerca do Conflito de Interesses na Sociedade Anônima. In: CANTIDIANO, L. L., CORRÊA. **Governança Corporativa: Empresas Transparentes na Sociedade de Capitais**. São Paulo-SP: Lazuli Editora, 2004

LEVIN, Jack S. **Structuring Venture Capital, Private Equity, and Entrepreneurial Transactions**. 2017 Ed, Nova Iorque, EUA: Wolters Kluwer, 2017.

LERNER, Josh; LEAMON Ann; HARDYMON Felda. **Venture Capital, Private Equity, and the Financing of Entrepreneurship**. 1ª Ed, Nova Iorque, EUA: Wiley, 2012. 484p.

LOBO, Carlos Alexandre; POTENZA, Guilherme Peres. Investimentos Venture Capital e Private Equity: Considerações Práticas e Jurídicas. In: BOTREL, Sérgio. **Finanças Corporativas: Aspectos Jurídicos e Estratégicos**. São Paulo-SP: Atlas, 2016. p.267-316.

LIPTON, Martin. **Current Developments in Merger and Acquisition. International Bar Association**, Londres, Inglaterra, mar. 2013, v.1, p.711.

MATTOS FILHO, Ary Oswaldo. **Direito dos Valores mobiliários**. 1ª Ed, São Paulo-SP: FGV, 2015. p.557.

MEIRELLES, Jorge Luis Faria; JUNIOR, Tabajara Pimenta; REBELATTO; Daisy Aparecida do Nascimento. **Venture Capital e Private Equity no Brasil: Alternativa de Financiamento para Empresas de Base Tecnológica**. Gestão e Produção, São Carlos, v. 15, n. 1, jan.-abr. 2008. , p. 11-21

REBELO, Nikolai Sosa. Os Investimentos e a Captação de Recursos por Contratos de Private Equity e Venture Capital. **Revista Síntese de Direito Empresarial**, São Paulo-SP, nov./dez. 2012, v.29, p.201-234.

RIBEIRO, Leonardo L.; DE CARVALHO, Antonio Gledson; FURTADO, Cláudio Vilar. **Private Equity and Venture Capital in an Emerging Economy: Evidence from Brazil. Frontiers of Entrepreneurship Research**. Disponível em: http://digitalknowledge.babson.edu/fer/vol26/iss3/10 acesso em: 22, Nov, 2017.

SOUSA, Sergio Henrique Miranda de. Capital empreendedor: **Venture Capital e Private Equity: Capital de Risco.** 1ª Ed, São Paulo-SP: Juruá, 2008. 222p.

THOMSON REUTERS. **Venture Equity Latin America: 2010 Year End Report**. 2011. Disponível em: < https://financial.thomsonreuters.com/en/products/data-analytics/market-data/indices/venture-capital-index.html >. Acesso em: 19 mar. 2018.

ZEISBERGER, Claudia; PRAHL, Michael; WHITE, Bowen. **Mastering Private Equity: Transformation Via Venture Capital, Minority Investments and Buyouts.** 1ª Ed, Londres, UK: Wiley, 2017.

Obras Complementares

BOTREL, Sergio. **Fusões e Aquisições.** 2ª Ed. São Paulo-SP: Saraiva. 2013.

EIZIRIK, Nelson; CARVALHOSA, Modesto. **Estudos de Direito Empresarial.** 1ª Ed. São Paulo-SP: Saraiva. 2015.

FELD, Brad; JASON, Medelson. **Venture Deals.** 3ª Ed. Nova Jersey, EUA: Wiley, 2014.

MARTINS, Fran. **Comentários à Lei das Sociedades Anônimas.** 4ª Ed. Rio de Janeiro-RJ: Forense, 2010.

REINIER, Kraakman; ARMOUR, John; DAVIES, Paul; ENRIQUES, Luca. **The Anatomy of Corporate Law: A Comparative and Fuctional Approach.** 2a Ed. Nova Iorque, EUA: Oxford University Press. 2009.

ROSSI, Luiz Egydio Malamud. **Manual de Private Equity e Venture Capital: Passos para Atração de Investidores e Alocação de Recursos.** 1ª Ed. São Paulo-SP: Atlas, 2010.

SADDI, Jairo. **Fusões e Aquisições: Aspectos Jurídicos e Econômicos.** 2ª Ed. São Paulo-SP:IOB, 2012.

SHERMAN, Andrew J.; HART, Milledge A. **Mergers & Acquisitions from A to Z.** 6ª Ed. Nova Iorque, EUA: Amacon, 2016.

SILVEIRA, Alexandre Di Miceli da. **Governança Corporativa no Brasil e no Mundo: Teoria e Prática.** 5ª Ed. Rio de Janeiro: Elsevier, 2010.

SOUZA, Sérgio Henrique de Miranda. **Capital Empreendedor: Venture Capital e Private Equity.** 3ª Ed. Curitiba-PR: Juruá.

TIMMONS, Jeffrey; SPINELLI, Stephen. **New Venture Creation: Entrepreneurship for the 21st Century**. 6a Ed. Irwin McGraw Hill, Boston, EUA, 2004.

Legislação

BRASIL. Lei nº 6.404, de 15 de dezembro de 1976. Dispõe sobre as Sociedades por Ações. Palácio do Planalto Presidência da República, Brasília, DF, 15 dez. 1976. Disponível em: <http://www.planalto.gov.br/ccivil_03/leis/L6404consol.htm>. Acesso em 22 de maio de 2018.

BRASIL. Lei nº 10.406, de 10 de janeiro de 2002. Código Civil Brasileiro. Palácio do Planalto Presidência da República, Brasília, DF, 10 jan. 2002. Disponível em: <http://www.planalto.gov.br/ccivil_03/leis/2002/L10406.htm>. Acesso em 22 de maio de 2018.

BRASIL. Lei nº 12.529, de 30 de novembro de 2011. Estrutura o Sistema Brasileiro de Defesa da Concorrência. Palácio do Planalto Presidência da República, Brasília, DF, 30 de novembro de 2011. Disponível em: <http://

www.planalto.gov.br/ccivil_03/_ato2011-2014/2011/Lei/L12529.htm>. Acesso em 22 de maio de 2018.

CVM. Instrução CVM nº 480, de 7 de dezembro de 2009. Dispõe sobre o registro de emissores de valores mobiliários admitidos à negociação em mercados regulamentados de valores mobiliários. Disponível em: < http://www.cvm.gov.br/legislacao/instrucoes/inst480.html>. Acesso em 22 de maio de 2018.

CVM. Instrução CVM nº 578, de 30 de agosto de 2016. Dispõe sobre a constituição, o funcionamento e a administração dos Fundos de Investimento em Participações. Disponível em: < http://www.cvm.gov.br/legislacao/inst/inst578.html> Acesso em 22 de maio de 2018.

CVM. Instrução CVM nº 579, de 30 de agosto de 2016. Dispõe sobre a elaboração e divulgação das demonstrações contábeis dos Fundos de Investimento em Participações. Disponível em: < http://www.cvm.gov.br/legislacao/inst/inst578.html> Acesso em 22 de maio de 2018.

O Poder Sancionador da CVM e a Atuação do Presidente da Mesa das Assembleias Gerais de Companhias Abertas

Soila Máira Ferreira da Silva Rodrigues

Introdução

Este trabalho tem como objetivo analisar a competência sancionadora da Comissão de Valores Mobiliários (CVM), em especial no que se refere ao julgamento dos atos dos presidentes de mesa de assembleias gerais de acionistas de companhias abertas.

A assembleia geral, como órgão máximo de deliberação das sociedades, tem papel fundamental no âmbito do mercado de capitais por ser a responsável pela eleição, fiscalização e aprovação da remuneração dos administradores que, por sua vez, definem a orientação geral dos negócios e executam o objeto social das companhias.

A relevância do tema vem aumentando significativamente na proporção em que o mercado de capitais no Brasil se desenvolve, em especial por meio do aumento de interessados em investir em ações negociadas em bolsa de valores e consequente pulverização do capital social das companhias, como bem ressalta Sérgio Botrel:

> No atual momento, em que se assiste, ainda que lentamente, a disseminação de sociedades anônimas de capital pulverizado,

o regime jurídico da mesa das assembleias gerais merece atenção especial dos participantes e reguladores do direito societário, haja vista que em não havendo controlador majoritário na companhia, as reuniões das assembleias gerais podem virar palco de verdadeiros "embates", competindo à mesa o exercício de suas atribuições de maneira técnica e legal, com a finalidade de reduzir eventuais questionamentos acerca da validade e legitimidade das deliberações sociais.[1]

Como estudo introdutório pretende-se analisar, de forma breve, a criação da CVM como órgão regulador do mercado de capitais, sua função, estrutura atual e poder sancionador. Dando seguimento analisaremos os votos dos Processos Administrativos Sancionadores (PAS) a seguir elencados:

- **PAS nº RJ2008/12062** – instaurado para apurar a responsabilidade do presidente e secretária da mesa da Assembleia Geral Ordinária da Telecomunicações Brasileiras S.A. – Telebrás, por suposta infração ao inciso III e ao §2º do art. 109 da Lei nº 6.404, de 15 de dezembro de 1976 (Lei 6.404/1976), ao impedirem determinados acionistas de fiscalizar a gestão dos negócios da companhia, não permitindo sua participação na eleição de membro do Conselho Fiscal na Assembleia Geral Ordinária de 04 de abril de 2007; e
- **PAS nº RJ2013/2759** – instaurado para apurar a responsabilidade de acionista controlador e administradores da Companhia de Participações Aliança da Bahia, de administradores da Companhia de Seguros Aliança da Bahia

[1] **Botrel, Sérgio**. A mesa das assembleias gerais das S/A. In: Sérgio Botrel. (Org.). Direito Societário: Análise Crítica. 1ed. São Paulo: Editora Saraiva, 2012, p. 32.

> e do presidente de mesa de assembleia geral ordinária, por supostas infrações relacionadas a divulgação de transações com partes relacionadas, informações prestadas à assembleia e eleição de conselheiros representantes de acionistas minoritários e preferencialistas.

Serão analisados nos votos citados apenas os aspectos relativos à responsabilização do presidente da mesa da assembleia geral e competência sancionadora da CVM para julgá-lo. Pretende-se com a análise dos julgados demonstrar, por meio de casos práticos, a visão do Colegiado da CVM sobre as responsabilidades do presidente da mesa das assembleias gerais de companhias abertas, uma vez que a legislação não é clara e a jurisprudência sobre o assunto se demonstra escassa.

Como "xerife" do mercado de capitais a CVM tem, dentre duas funções e responsabilidades, o papel fundamental de regular e orientar o mercado por meio da fiscalização e inspeção das companhias abertas. É necessário entender e conhecer como os seus dirigentes interpretam as normas legais e seus próprios regulamentos, adicionando segurança jurídica ao mercado.

Neste sentido, em apresentação à obra publicada sobre estudos de casos e tendências da CVM, Eli Lória e Daniel Kalansky compartilham do entendimento de que é essencial o conhecimento dos julgados para a correta atuação dos operadores do direito.

> Na nossa visão, para enfrentar os grandes temas societários, a análise da lei e da doutrina não é suficiente. Temos que ir mais além. Devemos examinar como os julgadores pensam e interpretam os dispositivos legais e infralegais.[2]

[2] LORIA, ELI; KALANSKY, DANIEL. Processo Sancionador e Mercado de Capitais: Estudos de Casos e Tendências; Julgamentos da CVM. São Paulo: Quartier Latin, 2016. p. 9.

Por sua vez, Viviane Muller Prado e Lie Uema do Carmo, ambas pesquisadoras da Escola de Direito da Fundação Getúlio Vergas de São Paulo, reconhecem a escassez de dados empíricos em matéria de Direito Societário bem como a necessidade de estudos que permitam conhecer melhor a nossa realidade visando o aperfeiçoamento do nosso sistema.

> Falta conhecer como os agentes do nosso mercado se comportam diante de determinada disciplina jurídica e como as instituições funcionam, decidem e agem em razão dos conflitos e problemas que concretamente aparecem. Em suma, muitas vezes os estudos jurídicos societários subestimam o olhar para os fatos e para o mundo real como ponto de partida para as reflexões sobre o sistema jurídico brasileiro.[3]

Isto posto, o presente trabalho visa demonstrar a divergência de entendimento do Colegiado da CVM manifestada no julgamento de dois processos que, embora distintos, tratam de forma diferente da mesma questão – a competência da autarquia para investigar, processar e julgar indivíduos no exercício da função de presidente da mesa da assembleia geral.

1. A Comissão de Valores Mobiliários – CVM

1.1. A regulação do mercado de capitais e a CVM

A regulação do mercado de capitais brasileiro teve início muito antes da criação da CVM em 1976. De acordo com os ensinamentos de Leslie Amendolara[4] a fase pré-CVM pode ser divi-

[3] PRADO, Viviane Muller; CARMO, Lie Uema (Org.) ; NAVARRO, A. A. (Org.); RODRIGUES, A. C. (Org.) ; SOUZA, A. R. O. M. (Org.) ; PACHECO, B. T. (Org.) ; AKKERMAN, G. (Org.) ; WINGE, J. D. (Org.) ; LEAO, L. C. (Org.); ANDRADE, R. A. R. (Org.). **Estudos empíricos sobre temas de direito societário. 1. ed. São Paulo: Saraiva, 2012. p. 11.**

[4] AMENDOLARA, Leslie. O processo administrativo sancionador no âmbito do mercado de capitais. Rio de Janeiro: Forense Universitária, 2008. p. 3.

dida em duas partes. A primeira, marcada pela publicação do Decreto nº 417 de 14 de junho de 1845 que, ao definir regras destinadas à arrecadação de tributos sobre as atividades de corretagem, trouxe a primeira definição legal da profissão de corretor, definindo dentre os requisitos a forma de nomeação, idade mínima e experiência necessária. Na sequência, o Código Comercial de 1850 incluiu os corretores na lista de "agentes auxiliares do comércio", determinando penas para as hipóteses de descumprimento das regras determinadas pela mesma lei como a manutenção de livros de registro, cujas irregularidades seriam punidas mediante indenização das partes pelos prejuízos que daí resultarem, multa e suspensão de três a seis meses podendo, ainda, perder o ofício em caso de reincidência. Trata-se do primeiro registro brasileiro do poder de polícia do Estado no âmbito do mercado de capitais.

Com a criação da Bolsa de Valores do Rio de Janeiro em 1876 inicia-se a regulação privada em decorrência da necessidade de regulamentação das transações mantidas naquele ambiente. No início do Século XX os industriais surgem como uma nova classe no cenário dos negócios e inicia-se a regulação, ainda que tímida, de atividades como câmbio e taxas de juros.

Em 1942 é publicado pelo Governo Vargas o Decreto-Lei nº 2.627, que disciplinou as sociedades por ações até a publicação da Lei 6.404/1976 (atualmente vigente), marcando o início da regulação específica do exercício da atividade de administrador de companhia aberta, em especial no que se refere às responsabilidades e requisitos para eleição de membros da diretoria. Importante ressaltar que o Decreto-Lei nº 2.627 não considerava a existência do Conselho de Administração. A administração da companhia era constituída apenas pela Diretoria que reportava diretamente aos acionistas através da Assembleia Geral que os elegia, aproximando os acionistas das decisões estratégicas. Também não havia neste decreto qualquer prerrogativa em defesa da representação dos acionistas minoritários no âmbito da administração.

A segunda fase de regulação do mercado de capitais pré-CVM tem início no ano de 1964 com a promulgação da Lei nº 4.595, conhecida como Lei da Reforma Bancária, que cria o Banco Central do Brasil e o Conselho Monetário Nacional. Na sequência, é publicada a Lei 4.728 de 14 de julho de 1965, denominada Lei de Mercado de Capitais, por meio da qual o Banco Central passa a ser a entidade competente para fiscalização de diversas atividades, dentre as quais as exercidas pelas bolsas de valores.

Em 7 de dezembro de 1976 é finalmente publicada a Lei 6.385 que dispõe especificamente sobre o mercado de capitais e cria a Comissão de Valores Mobiliários que, de acordo com seu art. 5º na redação alterada pela Lei nº 10.411, de 26 de fevereiro de 2002, tem natureza de autarquia em regime especial vinculada ao Ministério da Fazenda, personalidade jurídica e patrimônio próprios, autoridade administrativa independente, ausência de subordinação hierárquica, mandato fixo e estabilidade de seus dirigentes, autonomia financeira e orçamentária. A CVM foi inspirada na *Security Exchange Comission* ("SEC"), criada para exercício da função de regulador do mercado de capitais americano após a colapso financeiro da Bolsa de Nova Iorque na década de 1930, com o objetivo de evitar fraudes e manipulações.

Eizirik *et al.*[5] explica que por escolha do legislador se decidiu distribuir a competência normativa e fiscalizadora, atribuindo à CVM a atuação no mercado de valores mobiliários e ao Banco Central a disciplina do sistema financeiro bancário, monetário e creditício.

Posteriormente, com a edição da Lei 10.411/2002 é formalmente reconhecida a condição da CVM como entidade autár-

[5] **Eizirik, Nelson; Gaal, Ariádna B.; Parente, Flávia; Henriques, Marcus de Freitas**. Mercado de capitais: regime jurídico. 3. ed. rev. e ampl. Renovar: Rio de Janeiro, 2011.

quica em regime especial, passando a ostentar o status de agência reguladora e, como tal, é dotada de autonomia, sendo administrada por um Colegiado.

1.2. Funções da CVM

No que se refere à sua competência, por ser considerada ente da administração pública, a CVM tem sua atuação limitada pelos ditames legais. Neste sentido, a sua competência é resumida no art. 8º a Lei 6.385/76 em cinco itens: (i) regulamentar, com observância da política definida pelo Conselho Monetário Nacional, as matérias expressamente previstas naquela Lei e na Lei 6.404/76; (ii) administrar os registros instituídos por aquela lei; (iii) fiscalizar permanentemente as atividades e os serviços do mercado de valores mobiliários, bem como a veiculação de informações relativas ao mercado, às pessoas que dele participem e aos valores nele negociados; (iv) propor ao Conselho Monetário Nacional a eventual fixação de limites máximos de preço, comissões, emolumentos e quaisquer outras vantagens cobradas pelos intermediários do mercado; e (v) fiscalizar e inspecionar as companhias abertas, dando prioridade às que não apresentem lucro em balanço ou às que deixem de pagar o dividendo mínimo obrigatório.

Os itens (i) e (iv), acima, estão diretamente relacionados à sua função reguladora, atribuída por lei e limitada à política definida pelo Conselho Monetário Nacional. Com base neste dispositivo legal a CVM define instruções, deliberações, ofícios e demais normativos com a finalidade de regulamentar o mercado de capitais brasileiro e garantir que seus princípios sejam atendidos de forma prática. Como nos ensina Eizirik *et al*[6], em que pese estar sujeita ao princípio da legalidade como todas as demais autarquias do nosso ordenamento, sua competência normativa deve ser especialmente resguardada pela dinâmica inovadora do

[6] Idem, p. 271.

mercado de capitais, dada a necessidade de pautar-se pela eficiência de seus atos e agindo, sempre que possível, com rapidez.

Em contrapartida ao pensamento que defende o livre mercado e tenta impedir a intervenção do Estado na economia, o que se busca é um Estado que regula as atividades econômicas em que o interesse público se torna patente, visando defender que a livre concorrência seja exercida de forma ética e justa, em prol dos investidores, dos particulares e até mesmo da economia nacional.

Neste sentido é resguardada pelo item (iii) acima a competência fiscalizatória da CVM, que busca coibir as condutas que sejam danosas ao mercado de capitais, por meio do exercício do poder de polícia que, de certa forma, limita a liberdade individual em prol do interesse público e coletivo.

Por fim, cabe à CVM administrar os registros instituídos pela Lei 6.385/76 em seu art. 1º, assim considerados como "regulados", tais como as companhias abertas e incentivadas, auditores, corretoras e distribuidoras de valores mobiliários, agentes autônomos, analistas de valores mobiliários, fundos de investimento, carteiras de investidores não residentes e administradores de carteiras.

1.3. Estrutura

Atualmente o Colegiado é composto por cinco membros, dentre eles o presidente, sabatinados pelo Senado Federal após indicação do Presidente da República dentre pessoas de reputação ilibada e reconhecida competência em matéria de mercado de capitais. O mandato dos diretores é de cinco anos sendo vedada a sua recondução. A cada ano um quinto dos seus membros deve ser renovado[7].

Visando a independência e estabilidade da autarquia, os membros do Colegiado não são demissíveis *ad nutum*. Conforme dispõe o §2º do art. 6º da Lei 6.385/76 estes somente perderão

[7] Conforme Estrutura Regimental da Comissão de Valores Mobiliários, Decreto nº 6.382/2008.

o mandato em virtude de renúncia, condenação judicial transitada em julgado ou de processo administrativo disciplinar.

A estrutura organizacional da CVM está prevista no art. 2º da Estrutura Regimental da Comissão de Valores Mobiliários e demonstrada pela Autarquia em seu sítio na rede mundial de computadores conforme segue:

Figura 1: Estrutura Organizacional da CVM[8]

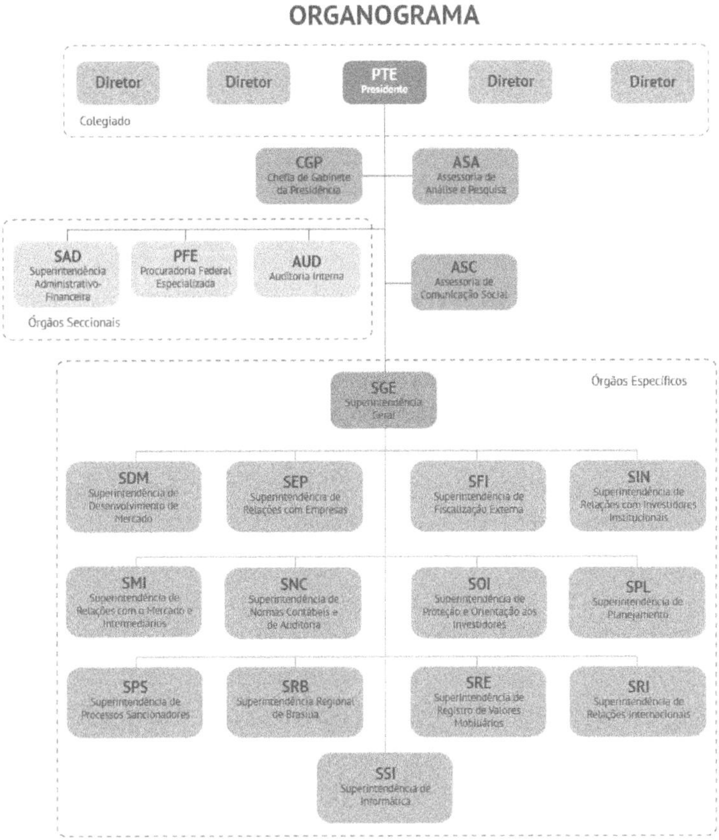

[8] Imagem consultada em 28 de fevereiro de 2017 de http://www.cvm.gov.br/menu/acesso_informacao/institucional/sobre/estrutura.html

1.4. Poder Sancionador

Com base no poder regulamentador da CVM (art. 8º, I da Lei 6.385/76) a autarquia define normas de conduta a serem observadas pelos agentes do mercado de capitais. Todavia, assim como qualquer outra norma (positivada ou não pelo Estado) tais regras estão sujeitas a descumprimento. Neste sentido, Rafael Munhoz de Mello ressalta que, muito embora a possibilidade de descumprimento seja característica das ordens normativas, é evidente que a inobservância das condutas impostas pelas normas não é a situação desejada, sendo certo que todo ordenamento normativo tem por objetivo conformar condutas. Outrossim, é necessário que o descumprimento da norma acarrete consequências que o desestimule, caso contrário as normas não teriam qualquer utilidade, dado que sua eficácia dependeria unicamente da ação voluntária da conduta estabelecida normativamente. O autor conclui que deve o ordenamento prever, além da conduta a ser adotada, uma resposta ao descumprimento da norma, sendo esta resposta denominada *sanção*[9].

A sanção aplicada pela CVM é, portanto, a consequência negativa atribuída à inobservância de um ou mais comportamentos prescritos pela sua regulamentação, que deve ser aplicada pelo órgão competente por meios coercitivos, também previstos em seu ordenamento jurídico.

De acordo com os princípios básicos do Estado de Direito, a CVM como ente estatal está sujeita às limitações legais do exercício de sua função, devendo, portanto, pautar sua atuação no formato e limites definidos em lei, especialmente em razão de seus atos estarem sujeitos a questionamento no âmbito do Poder Judiciário, sob pena de se colocar em prova a submissão esta-

[9] MUNHOZ DE MELLO, Rafael. Princípios constitucionais de direito administrativo sancionador: as sanções administrativas à luz da constituição federal de 1998. Malheiros: São Paulo, 2007.

tal à ordem jurídica. A jurisdição estatal impede que a autarquia esteja subordinada a si mesma. Tal contenção é necessária especialmente por se tratar de órgão que cria a lei, executa-a e exerce sua jurisdição.

Neste sentido, a atuação sancionadora da CVM é regulada pelas leis 6.385/76, 6.404/76 e 9.784/99 (esta última regula o processo administrativo no âmbito da administração pública federal), ressaltando-se, ainda, a aplicação dos princípios relativos ao devido processo legal e de direito administrativo sancionador previstos na Constituição Federal.

Em 1997, após cerca de vinte anos de vigência, as leis 6.385/76 e 6.404/76 sofreram diversas alterações, dentre elas as efetivadas por meio da Lei 9.457/97, que aumentou o poder de polícia da CVM sobre os participantes do mercado, com o objetivo de tornar a atuação punitiva mais eficaz por meio da previsão de sanções mais severas do que as previstas na redação original da Lei 6.385/76. Dentre tais alterações ressaltamos a previsão legal relativa à competência para apurar atos ilegais e práticas não equitativas de administradores, membros do conselho fiscal e acionistas de companhias abertas, dos intermediários e dos demais participantes do mercado, que será objeto de análise criteriosa adiante.

1.5. O Processo Administrativo Sancionador da CVM

O processo administrativo sancionador da CVM (PAS) é manifestação do poder de polícia do Estado sobre as atividades desenvolvidas no âmbito do mercado de capitais nos termos do art. 174 da Constituição Federal, sendo, ainda, regulado pela Lei nº 9.784/99, que trata do processo administrativo no âmbito da Administração Pública Federal.

Como requisito de validade o processo administrativo deve conferir aos particulares envolvidos as mesmas prerrogativas adotadas no Direito Penal, em especial as garantias assecuratórias do devido processo legal, direito fundamental previsto no art. 5º, LV da Constituição Federal, que assegura o contraditório e a ampla defesa a todos os acusados em processos administrativos e judiciais, com os meios e recursos necessários.

Em seu sítio na rede mundial de computadores a CVM conceitua o PAS nos seguintes termos:

> O **Processo Administrativo Sancionador (PAS)** é derivado de uma investigação realizada por meio de processo administrativo de caráter investigatório. É elaborado em uma das áreas técnicas da CVM, para o qual tenham sido encontrados indícios de autoria e materialidade, relativa a alguma irregularidade ocorrida no âmbito do mercado de capitais resultando em acusação.
>
> O processo que culminou em acusação (PAS) passa, então, pelo rito processual de intimação, recebimento das defesas e sorteio do relator para julgamento pelo Colegiado da CVM, quando, em caso de condenação, serão aplicadas as penalidades previstas no art. 11 da Lei 6.385/76.
>
> Os acusados, a qualquer momento antes da realização do julgamento, poderão propor a celebração de Termo de Compromisso junto à CVM.[10]

Atualmente a CVM adota duas modalidades de procedimento para tramitação de PAS, o rito ordinário e o rito sumário, ambos regulados por normativos publicados pela CVM e pelo Conselho Monetário Nacional (CMN).

2. O Presidente da Mesa nas Assembleias Gerais

A assembleia geral, como órgão deliberativo máximo das sociedades anônimas, tem poderes para decidir todos os negócios

[10] Disponível em: http://www.cvm.gov.br/menu/processos/consulta_andamento.html. Consultado em 24 de junho de 2018.

relativos ao objeto social da companhia e tomar as resoluções que julgar convenientes à sua defesa e desenvolvimento, conforme dispõe o art. 121 da Lei 6.404/76.

Nas palavras de Sérgio Botrel, a assembleia geral é "*órgão deliberativo em cujas reuniões se forma a vontade social, a qual representa uma manifestação unilateral de vontade, haja vista representar a vontade de um único sujeito: a companhia*[11].

Neste sentido, podemos afirmar que o objetivo final da assembleia geral é definir a vontade social e leva-la a termo para o bom andamento das atividades da companhia. Para que este objetivo seja atendido de forma eficaz e organizada, tanto a lei quanto o estatuto social e demais regulações, em especial as da CVM para as companhias abertas, regulam o procedimento e pressupostos de formação válida da vontade social, tais como as relativas à convocação, quórum de instalação e de aprovação. O não atendimento dos requisitos e processos pré-estabelecidos podem acarretar a invalidade da assembleia e, consequentemente, sua eficácia.

Em se tratando de companhias abertas a complexidade das relações entre os sócios, motivada especialmente pela quantidade de acionistas, regras atinentes a sua convocação e porte da companhia, faz com que a administração muitas vezes leve à decisão assemblear apenas os assuntos definidos em lei como de competência exclusiva da assembleia geral ou aqueles cuja relevância ou risco motivem os administradores a pedir a anuência dos acionistas.

Salvo disposição contrária no estatuto social cada ação com direito a voto equivale a um voto nas assembleias, de forma que as decisões são definidas por deliberação entre os acionistas

[11] BOTREL, Sérgio. A mesa das assembleias gerais das S/A. In: Sérgio Botrel. (Org.). Direito Societário: Análise Crítica. 1ed. São Paulo: Editora Saraiva, 2012, p. 16.

nas quais prevalece a força econômica, ou seja, a decisão não é tomada pela maioria dos acionistas presentes, mas sim pela maior fatia de participação no capital social.

No que se refere à composição da mesa, prevê o art. 128 da Lei 6.404/76 que, salvo disposição diversa no estatuto social, o presidente da mesa será escolhido dentre os acionistas presentes. Tal disposição já constava na lei de 1940 que determinava que, no silêncio do estatuto social, caberia à assembleia geral preliminarmente à instalação dos trabalhos eleger o presidente da mesa, o qual escolheria um ou mais secretários para auxiliá-lo.

Sérgio Botrel ressalta o caráter essencial de que as regras relativas à composição da mesa sejam atendidas de forma criteriosa afirmando que "*uma vez estabelecidas regras estatutárias sobre a composição da mesa, a sua observância é cogente, sob pena de contaminação das deliberações*". Adiciona, ainda, que a assembleia que não atender tais regras terá sua validade prejudicada, resultando em deliberações carentes de eficácia[12].

É comum que estatutos de sociedades anônimas prevejam que as assembleias sejam presididas pelo presidente do conselho de administração ou por outro administrador da companhia. Trata-se de outra forma de favorecer o acionista controlador ou aquele que detém maior parcela no capital social votante na condução dos trabalhos, uma vez que tais posições são, em regra, ocupadas por executivos indicados pelo acionista que detém maior poder político sobre a companhia.

Como leciona Nelson Eizirik qualquer das pessoas presentes na assembleia, seja ou não acionista, pode ser escolhida para compor a mesa, inclusive empregado da companhia ou advo-

[12] BOTREL, Sérgio. A mesa das assembleias gerais das S/A. In: Sérgio Botrel. (Org.). Direito Societário: Análise Crítica. 1ed. São Paulo: Editora Saraiva, 2012, p. 20.

gado, desde que observadas as regras do estatuto social da companhia[13].

Por sua vez, Modesto Carvalhosa adiciona que, de forma geral, os estatutos costumam dispor que a presidência da mesa será exercida pelo presidente do conselho de administração ou por membro da diretoria[14]. O jurista justifica a conveniência de tal regra pelo fato de os administradores que participam do dia a dia da companhia estarem aptos a acompanhar as atividades, não apenas no momento da assembleia geral, mas também na preparação prévia, em especial no que se refere à participação à distância sobre a qual dispõe a Lei 12.431 de 2011, cujo processo envolve providências a serem tomadas em até 45 dias antes da realização da assembleia. Adiciona, ainda, a possível inexperiência dos acionistas ou de terceiros eleitos para presidência e secretaria, que poderá prejudicar os trabalhos, ocasionando atrasos e lavratura falha da ata.

Nas hipóteses em que o presidente e secretário da mesa são escolhidos dentre os acionistas presentes no início da assembleia geral os atos preliminares, tais como a validação dos documentos dos acionistas e assinatura do livro de presença, serão responsabilidade da administração da Companhia.

A posição de presidente da mesa não deve ser necessariamente ocupada por acionista, como já dito, na medida que o estatuto social pode determinar que a posição seja ocupada por administrador da companhia, que não precisa ser detentor de ações desta. Esta medida é importante para garantir que a condução dos trabalhos seja realizada por quem entende minimamente dos regulamentos que tratam das formalidades atinentes ao processo assemblear, da pauta a ser discutida e esteja

[13] Eizirik, Nelson Laks. A Lei das S/A comentada. São Paulo: Quartier Latin, 2015. vol. I a III. A Lei das S/A comentada, volume 2, página 395, 2ª edição.

[14] Carvalhosa, Modesto. Comentários à Lei de Sociedades Anônimas. 6ª ed. São Paulo: Saraiva, 2014. 2º vol., página 1033.

preparado para conduzir o processo de redação e aprovação final da ata.

Ainda sobre quem deve presidir a mesa é importante registrar o entendimento de Fran Martins, segundo o qual não se deve permitir que o presidente da mesa seja escolhido dentre não acionistas da companhia, uma vez que a assembleia se trata de reunião de acionistas e a presença de pessoas que não atendem a este critério, tal como empregados da companhia, pode prejudicar o seu caráter de confidencialidade[15]. Em sentido contrário e em linha com o entendimento de Modesto Carvalhosa, Sérgio Botrel reconhece serem legítimos tais argumentos mas discorda e ressalta que a escolha de não acionistas em nada impacta os direitos essenciais atribuídos aos acionistas, adicionando o quanto segue:

> É preciso lembrar, afinal, que os membros da mesa, em especial o presidente, devem ter um perfil que lhes permita contribuir para que os trabalhos sejam desenvolvidos de forma harmônica. A rigor, moderação e imparcialidade são características que devem mover a escolha dos membros da mesa, sendo certo que não existe qualquer vedação de que estrangeiros assumam a posição de presidente ou secretário da assembleia, impondo-se, em virtude de exegese lógica e razoável do regime de liberdade atribuído por lei, que detenha o domínio da língua portuguesa.[16]

Portanto, concluímos que a companhia pode ainda contratar profissionais estranhos ao quadro social ou administrativo para condução dos trabalhos, se previsto no estatuto social.

[15] MARTINS, Fran. Comentários à Lei das Sociedades Anônimas. Rio de Janeiro: Forense, 1984. v. 2, t. I.

[16] **BOTREL, Sérgio**. A mesa das assembleias gerais das S/A. In: Sérgio Botrel. (Org.). Direito Societário: Análise Crítica. 1ed. São Paulo: Editora Saraiva, 2012, p. 21-22.

Os custos envolvidos não seriam necessariamente submetidos à aprovação assemblear, sendo considerados despesas operacionais da companhia.

Elemento indispensável à organização da assembleia, as funções da mesa e de seu presidente derivam de normas de ordem pública, cabendo ao estatuto social a faculdade de determinar o modo de sua constituição.

2.1. Funções do Presidente da Mesa

Iniciada a assembleia, cabe ao presidente a declarar formalmente instalada, devendo primeiramente confirmar a existência de quórum de instalação e, caso não seja confirmado, lavrar ata encerrando os trabalhos pela não obtenção de quórum suficiente.

Para início dos trabalhos o presidente deve, ainda, verificar a presença de outros profissionais necessários conforme definição legal ou estatutária, tal como a presença de representante do conselho fiscal para as assembleias gerais ordinárias (art. 164 da Lei 6.404/1976) e de administrador e auditor independente (art. 134, §1º da Lei 6.404/1976) para atender eventuais esclarecimentos dos acionistas presentes.

Dando continuidade aos trabalhos o presidente deve informar os meios e data em que o edital de convocação foi publicado, ler o edital e a ordem do dia da assembleia, ou solicitar que o secretário o faça.

A função do presidente da mesa é fundamental para o correto funcionamento da assembleia geral, neste sentido, ensina Nelson Eizirk:

> Cabe ao presidente da mesa conduzir todos os procedimentos relativos às deliberações tomadas, tais como: controlar os debates e as deliberações, podendo, inclusive, a seu exclusivo critério, limitar o tempo das discussões; observar as ordens do dia; admi-

> nistrar as perguntas e prestação de esclarecimentos; verificar o quórum; estabelecer o regime de votação; dar cumprimento aos acordos de voto, etc. O presidente deve apresentar os assuntos na sequência em que se encontram expostos na ordem do dia, salvo se a inversão for aprovada expressa ou tacitamente pela maioria dos acionistas presentes, e iniciar os debates relativos a cada matéria, permitindo que os acionistas se manifestem a respeito do assunto em pauta e solicitem esclarecimentos sobre o mesmo. Dirimidas as dúvidas, deverá resumir as propostas apresentadas e concluir o debate, colocando em votação o item em questão.[17]

No que se refere à ordem do dia da assembleia, cabe ao presidente da mesa o encaminhamento das matérias na ordem definida no edital de convocação. Tal conduta visa defender garantia fundamental dos acionistas ausentes de que nenhum assunto que não tenha sido incluído previamente em pauta seja deliberado. À primeira vista poderia haver o entendimento de que, uma vez que a assembleia é órgão máximo de deliberação da companhia e sendo suas decisões soberanas, a ordem do dia poderia ser alterada por decisão dos acionistas presentes naquela ocasião. Contudo, há que se considerar a possibilidade de que determinados acionistas tenham optado por não comparecer na assembleia em razão de não haver na ordem do dia assunto julgado relevante e sobre o qual não queiram se pronunciar. Neste sentido, a inclusão tardia de assunto prejudicaria a participação de determinados acionistas, que estariam impedidos de se manifestar em assuntos de seu interesse.

É facultada ao presidente da mesa a limitação do tempo de discussão para cada matéria da ondem do dia, como melhor forma de organização da assembleia.

17 **Eizirik, Nelson Laks.** A Lei das S/A comentada. São Paulo: Quartier Latin, 2015. vol. I a III. A Lei das S/A comentada, volume 2, página 395, 2ª edição.

A análise da doutrina sobre a posição do presidente da mesa nos permite concluir que as funções inerentes a esta posição são meramente administrativas, cabendo apenas a organização e garantia de que a assembleia aconteça seguindo o cerimonial previsto em lei e no estatuto social. Neste sentido, leciona Modesto Carvalhosa:

> Os membros da mesa exercem sua função no seio da própria assembleia com o objetivo de permitir a regular formação da vontade social. Para tanto, a mesa coordena as atividades necessárias à formação desta mesma vontade, que é a da própria companhia. Para alcançar este objetivo, pratica uma série de atos puramente internos.[18]

No mesmo sentido leciona Sérgio Botrel.

> A mesa da assembleia geral tem como principais atribuições o exercício do trabalho burocrático de verificação dos quóruns de instalação e de deliberação, da legitimação dos acionistas, da existência de procuradores e da extensão dos seus poderes, enfim, a prática de todos os atos necessários para que a formação da vontade social ocorra de acordo com as delimitações legais (...).[19]

Adicionalmente, no que se refere especificamente à função do presidente da mesa, o autor segue ressaltando que cabe a este observar deveres de probidade e diligência, atendo-se à ordem dia da assembleia. Adicionalmente, leciona que o comportamento deve ser norteado pelos princípios da imparcialidade, do

[18] **Carvalhosa, Modesto**. Comentários à Lei de Sociedades Anônimas. 6ª ed. São Paulo: Saraiva, 2014. 2º Volume, p. 1038.

[19] **Botrel, Sérgio**. A mesa das assembleias gerais das S/A. In: Sérgio Botrel. (Org.). Direito Societário: Análise Crítica. 1ed. São Paulo: Editora Saraiva, 2012, p. 22-23.

tratamento igualitário, da proporcionalidade, da legalidade e da boa-fé. O princípio da imparcialidade impõe que o presidente opere em prol da companhia e não de determinados acionistas ou administradores. O do tratamento igualitário assegura que os diferentes acionistas exerçam os mesmos direitos de expressão e questionamento e, neste caso, o direito será exercido individualmente e não na proporção de seu poder político ou econômico. Por sua vez, o princípio da proporcionalidade garante o equilíbrio entre os meios e objetivos a serem alcançados com determinada conduta. Por fim, o princípio da legalidade visa atribuir ao presidente da mesa a função de guardião da lei e do estatuto.

Concluímos, portanto, que cabe ao presidente da mesa a direção e organização dos trabalhos na forma estabelecida em lei e no estatuto da companha, atendendo os requisitos mínimos que configuram a boa-fé, tais como os de diligência e probidade, visando sempre o bom andamento da assembleia, devendo se abster de qualquer ato que possa direcionar o acionista no que se refere ao mérito das deliberações contidas na ordem do dia da assembleia. A título de exemplo, não seria correto que o presidente conduzisse os trabalhos de forma a eleger um outro executivo para posições na administração da companhia, devendo se limitar na aplicação do rito adequado para que os acionistas manifestem sua vontade e o objeto da assembleia contido em sua pauta seja alcançado por meios regulares.

2.2. Acordos de Acionistas

Por meio da introdução dos §§8º e 9º do art. 118 da Lei 6.404/76, conforme alterações trazidas com a publicação da Lei 10.303/01, o legislador pretendeu garantir a eficácia dos acordos de voto arquivados na sede da Companhia por meio de sua execução específica.

Com base no §8º o presidente da mesa está obrigado a não computar o voto proferido em desacordo com o estipulado no acordo de acionistas ou em decisão tomada em reunião prévia. Portanto, deve ser incluída dentre as responsabilidades do presidente da mesa a verificação de conformidade dos votos declarados com eventuais acordos de acionistas e respectivas reuniões prévias.

Os votos dos acionistas signatários de acordo de acionistas devem ser computados pela mesa da assembleia geral conforme deliberado em reunião prévia realizada nos termos do respectivo acordo, cabendo ao presidente da mesa não computar voto proferido em desacordo com as decisões tomadas previamente. Contudo, deve o presidente considerar o voto da outra parte do acordo, que tem a faculdade de votar com as ações do acionista ausente ou remisso, de acordo com a orientação de voto previamente pactuada (§9º do art. 118 da Lei 6.404/76).

Neste sentido, é importante ressaltar que, muito embora o presidente da mesa esteja impedido de computar voto proferido com infração a acordo de acionistas devidamente arquivado na sede da companhia em respeito ao determinado no art. 118, §8º da Lei 6.404/76, a ele não cabe suprir a vontade do acionista que manifesta seu voto em sentido contrário à decisão da reunião prévia, cumprindo-lhe apenas não computa-lo.

A regulação dos acordos de acionistas pela Lei 6.404/76 tem a função essencial de garantir a aplicabilidade de tais contratos, uma vez que obriga as companhias a observar tais disposições.

2.3. Participação Remota de Acionistas (Lei nº 12.431/2011)

A Lei 12.431 de 2011, ao permitir a participação à distância dos acionistas em assembleias gerais das companhias abertas, ampliou as responsabilidades do presidente ao incluir dentre os procedimentos a serem conduzidos pela mesa a coordenação do livro eletrônico de presença de acionistas. Com a referida alteração legislativa a mesa deve garantir a coleta simultânea das manifestações dos acionistas fisicamente presentes e daqueles que participaram da votação à distância.

Neste sentido, Modesto Carvalhosa ressalta que o direito de participação à distância pelos acionistas deve ser garantido pela mesa da assembleia.

> O exercício do direito de participação e votação *on line* nas assembleias gerais e especiais nas companhias abertas, consoante referidos arts. 100, 121 e 127 com a redação trazida pela Lei n. 12.431, de 2011, deve ser plenamente assegurado pela Mesa, aplicando-se, no caso, todos os procedimentos próprios desta mesma participação, em absoluta igualdade com os acionistas fisicamente presentes.[20]

Os trabalhos da mesa para garantia da participação à distância por parte dos acionistas foram regulamentados pela CVM por meio da Instrução nº 561/ 2015, já revisada por instruções posteriores. As companhias abertas sujeitas a tal procedimento ainda buscam se adaptar às novas regras, o que vem suscitando diversos debates e críticas, tanto pelas companhias quanto pelos acionistas, em especial quanto às regras de inclusão de candidatos indicados por acionistas minoritários ao conselho fiscal e de administração no boletim de voto à distância.

As normais editadas pela CVM sobre o tema adicionaram outras atribuições ao presidente da mesa, como a leitura do mapa de votação consolidado no início da assembleia e disponibilização para consulta dos acionistas presentes. Neste ponto cabe ressaltar que o processo de disponibilização do boletim de voto à distância, recebimento de votos e contabilização destes é realizado pela administração da companhia nos dias que antecedem a assembleia geral, portanto antes da escolha do presidente da mesa, cabendo a este último apenas a leitura e divulgação do resultado final apurado pela administração, com a adição dos votos apresentados presencialmente durante a assembleia.

[20] Idem, p. 1033.

Não nos parece correto responsabiliza-lo por eventual irregularidade no processamento e contabilização dos votos, processo que deve ser conduzido pela Diretoria ou especificamente pelo Diretor de Relações com Investidores.

Cabe ainda adicionar que a participação remota é permitida apenas para acionistas, de forma que a mesa deve ser composta por pessoas presentes fisicamente na assembleia. Modesto Carvalhosa ressalta que não há *assembleia on line* mas apenas participação *on line* permitida para acionistas, devendo a assembleia ser realizada na sede social, com a devida composição da mesa para condução e secretaria dos trabalhos, para a correta verificação de quórum, instalação, realização e encerramento dos trabalhos[21].

2.4. Governança Corporativa

Além da regulamentação legal e normativos da CVM diversas instituições atuantes na área de governança corporativa trazem orientações gerais sobre os procedimentos a serem adotados em assembleias de acionistas e, consequentemente, sobre as atribuições do presidente da mesa.

O Instituto Brasileiro de Governança Corporativa (IBGC) atribui ao presidente da mesa das assembleias de acionistas as funções abaixo elencadas que, embora não previstas em lei, são não só essenciais para o regular andamento dos trabalhos assembleares, mas também reconhecidas como boas práticas de governança corporativa quando adotadas pelas companhias[22].

a. Declarar formalmente a instalação da assembleia geral;
b. Facultar aos acionistas presentes, que solicitarem, a oportunidade para que possa ser conferida e verificada a regularidade de representação dos demais participantes;

[21] Idem, página 1034.

[22] Código das Boas Práticas para Assembleias de Acionistas. / **Instituto Brasileiro de Governança Corporativa**. São Paulo, SP: 2010.

c. Conduzir os procedimentos que culminarão nas deliberações, dirigindo o evento de forma que todos os presentes possam manifestar-se, se desejarem, e que seus direitos sejam respeitados;
d. Zelar para que os trabalhos mantenham foco nas matérias relevantes, concentrando-se em argumentações produtivas e assegurar a formalidade dos debates;
e. Administrar as perguntas e prestar esclarecimentos aos acionistas, incentivando a participação de todos;
f. Controlar a sequência da ordem do dia e o tempo em que as deliberações transcorrem;
g. Prestar todos os esclarecimentos necessários sobre os itens da Ordem do Dia ou indicar um dos presentes (administradores, auditores, conselheiro fiscal ou perito) para fazê-lo, a fim de que o debate possa ser o mais amplo e transparente possível;
h. Alertar acionistas e administradores para o fato de que os direitos individuais não se sobrepõem ao melhor interesse da companhia;
i. Suspender a assembleia geral temporariamente, admitindo sua continuidade em data posterior na hipótese de se verificar algum evento ou manifestação que impeça a livre e eficaz deliberação pela maioria
j. Advertir determinado acionistas caso considere que este adotou uma postura inadequada;
k. Requerer a presença de um tabelião para registrar e dar fé pública à ata de Assembleia Geral, caso se verifique alguma situação conflituosa;
l. Ao final da assembleia geral certificar-se de que não há mais temas a serem tratados ou manifestações pendentes a fim de declarar suspensos os trabalhos para fins de elaboração da ata e confecção de eventuais documentos acessórios;

m. Retomar os trabalhos e ler ou solicitar ao secretário que leia a ata em voz audível para que todos os presentes possam ouvir e manifestar-se sobre o seu teor; e
n. Uma vez acordada entre todos a versão final da ata, propor sua assinatura e declarar encerrados os trabalhos.

Por fim, o IBGC ressalta que o presidente da mesa deve ter conhecimento adequado dos instrumentos de governança da companhia, tais como o estatuto social, acordos de acionistas, regimentos internos e suas políticas.

No âmbito das boas práticas de governança corporativa recomendadas pelo IBGC, compete à administração da companhia, uma vez verificado o quórum para instalação da Assembleia, coordenar a composição da mesa de trabalhos, constituída de seu presidente e secretário, a serem eleitos pelos acionistas presentes, salvo nos casos em que haja regra prevista para tal no Estatuto Social.

Adicionalmente, o IBGC recomenda que somente acionistas ou seus procuradores legalmente constituídos sejam eleitos como presidente e secretário da assembleia, quando o estatuto não dispuser de forma contrária, estabelecendo de antemão a quem caberá presidir e secretariar o evento, bem como que a presidência da assembleia geral seja exercida por um profissional isento de conflitos de interesse em relação a grupos de acionistas. Neste último caso, ressalta que caso o estágio de desenvolvimento da companhia em relação às suas práticas de governança corporativa limitem a adoção desta recomendação, a sugestão alternativa seria no sentido de que a presidência seja exercida pelo presidente do conselho de administração, sempre que não houver conflito de interesses entre a pessoa escolhida e o teor das deliberações.

Todavia, considerando que cabe ao presidente da mesa unicamente a condução dos trabalhos e adoção das regras legais e estatutárias no rito da assembleia, não vemos como essencial que este seja acionista da companhia. Pelo contrário, a eleição de um administrador para esta posição pode ser importante dado que todo o processo que antecede a realização da assembleia, em especial a definição da pauta, redação da proposta, convocação e providências relativas ao processo de voto à distância, é conduzido pela administração. Desta forma, o presidente da mesa estaria melhor preparado para conduzir os trabalhos com maior agilidade.

O potencial conflito de interesses da pessoa escolhida para esta posição não deve ser considerado óbice uma vez que, em sendo constatado qualquer ato do presidente em sentido de influenciar as decisões em seu benefício particular, estaria configurada irregularidade na atuação do residente da mesa, devendo este responder por tais atos. Portanto, o pressuposto deve ser no sentido que a pessoa que ocupar esta posição irá tão somente conduzir os trabalhos de forma que a vontade da maioria dos acionistas com direito a voto seja manifestada e respeitada.

2.5. Responsabilidade do Presidente da Mesa das Assembleias Gerais

Uma vez que a mesa da assembleia geral de acionistas não é por si considerada um órgão da companhia, mas sim uma função temporária atribuída ao presidente e secretário, indivíduos eleitos para tal função em caráter transitório, não há previsão legal específica que tenha como objetivo o regramento do exercício de tal função. Modesto Carvalhosa propõe que a responsabilidade seja fixada dentro dos limites do dolo, do abuso e desvio de poder e de negligência, de forma a legitimar a companhia e eventual acionista prejudicado a propor as medidas de responsabilidade cabíveis em cada caso[23].

[23] **Carvalhosa, Modesto.** Comentários à Lei de Sociedades Anônimas. 6ª ed. São Paulo: Saraiva, 2014. 2º Volume, p. 1047.

Neste sentido, o jurista ressalta que, na hipótese de o presidente da mesa ser também controlador ou administrador da companhia, a responsabilidade na condução da assembleia não pode ser desvinculada de tais posições. Assim, eventuais condutas negligentes e irregularidades poderiam caracterizar abuso ou desvio de poder de administrador ou controlador, respondendo os autores pelas condutas irregulares e eventuais danos daí decorrentes.

Por sua vez, Sérgio Botrel[24] adiciona que muito embora a função seja essencialmente burocrática o cumprimento dos normativos aplicáveis ao rito assemblear deve ser cogente, sob pena de responsabilização da pessoa do presidente, seja pela companhia ou por acionistas eventualmente lesados pelo descumprimento. Adiciona, ainda, que a natureza da responsabilidade neste caso é subjetiva e deve ser tratada nos termos do art. 186 c/c art. 927 do Código Civil no que diz respeito ao ato ilício e obrigação de reparar.

A responsabilidade civil do presidente da mesa das assembleias gerais é ainda reconhecida por Alfredo Lamy Filho e José Juiz Bulhões Pedreira, respeitáveis juristas e autores da lei 6.404/76 que, ao reconhecer que decisões da mesa tem o poder de ferir direitos individuais e invalidar deliberações aprovadas, ou até a própria assembleia (citando como exemplos casos em que o presidente impede a entrada ou expulsa acionistas antes da votação), concluem que eventual ato ilício praticado pelo presidente que tenha como resultado efetivo dano a outrem ou à companhia que não tenha sido expressamente ratificado pela assembleia, poderá ensejar o dever de indenizar[25].

24 **Botrel, Sérgio**. A mesa das assembleias gerais das S/A. In: Sérgio Botrel. (Org.). Direito Societário: Análise Crítica. 1ed. São Paulo: Editora Saraiva, 2012, p. 23.

25 **Lamy Filho, Alfredo; Bulhões Pedreira, José Luiz**. Direito das Companhias. 2. ed., atual. e ref. – Rio de Janeiro: Forense, 2017, p. 671.

Assim, podemos concluir que cabe ao presidente da mesa observar as regras atinentes ao exercício da função, sob pena de, em sendo comprovada a ilegalidade de sua conduta, ser responsabilizado na esfera civil a indenizar os acionistas prejudicados e/ou a companhia.

3. Competência da CVM para Julgamento dos Atos de Presidentes de Mesa de Assembleia Geral de Companhias Abertas

3.1. Voto do Diretor Henrique Machado no âmbito do PAS CVM Nº RJ2013/2759

Trata-se de PAS instaurado pela SEP para apuração da responsabilidade dos administradores da Companhia de Participações Aliança da Bahia ("Compania"), Srs. Paulo Sérgio Freire de Carvalho Gonçalves Tourinho, Antonio Tavares da Câmara e José Alfredo Cruz Guimarães, os dois primeiros também acusados na qualidade de administradores da Companhia de Seguros Aliança da Bahia ("Aliança Seguros"), por supostas irregularidades relacionadas à divulgação de informações sobre transações com partes relacionadas das Companhias e à proposta da administração da Aliança Seguros apresentada à assembleia geral ordinária desta Companhia realizada em 31 de março de 2011. [26]

O processo analisa, ainda, a responsabilidade de Paulo Sérgio Tourinho e de Marcelo Cintra Zarif por supostas infrações praticadas na qualidade de acionista controlador da Aliança Participações e de presidente da assembleia geral ordinária desta Companhia, realizada em 30 de abril de 2012.

[26] BRASIL. Comissão de Valores Mobiliários. **PROCESSO ADMINISTRATIVO SANCIONADOR CVM Nº RJ2013/2759.** Diretor Relator: Henrique Balduino Machado Moreira. Rio de Janeiro, 20 de fevereiro de 2018. Disponível em: http://www.cvm.gov.br/export/sites/cvm/noticias/anexos/2018/20180220_Relatorio_Companhia_de_Participacoes_Alianca_da_Bahia.pdf. Acesso em 30 de maio de 2018.

O PAS CVM nº RJ-2013-2759 tem origem em reclamações de acionistas das citadas companhias e de conselheiros fiscais da Aliança Participações, levadas à CVM desde 2010 e que resultaram na abertura de diversos processos administrativos pela SEP. Dentre eles o PAS nº RJ-2012/3110 julgado em 14 de fevereiro de 2017 que trata de infrações relacionadas à destinação de recursos, transações com partes relacionadas e realização de assembleia geral ordinária, levando à aplicação de penalidades aos acusados Paulo Sérgio Tourinho, Antonio Tavares e José Alfredo Guimarães, na qualidade de administradores e acionistas da Companhia.

Em seu voto o Diretor Relator Henrique Balduíno Machado Moreira ("Henrique Machado") se manifesta no sentido de que da leitura das defesas dos acusados se pode concluir haver uma verdadeira *guerrilha societária* entre acionistas descendentes de outros antigos acionistas e administradores que passaram a discordar sobre a condução dos negócios sociais.

O processo analisa diversos aspectos dos fatos, tais como a ausência de divulgação de transações entre partes relacionadas, eleição de membros para o conselho de administração e fiscal, além de preliminar de prescrição intercorrente. No entanto, o presente trabalho tem como foco os aspectos relacionados à atuação do presidente da mesa da assembleia geral, neste caso o Sr. Marcelo Zarif, acusado pela SEP de receber indevidamente os votos da acionista Aliança Participações na eleição em separado para o conselho fiscal na posição reservada aos acionistas titulares de ações preferenciais.

No caso em análise, conforme explicado pelo Diretor Henrique Machado em seu voto, era flagrante para a SEP o impedimento da Aliança Seguros na votação relativa à posição de representante dos acionistas titulares de ações preferenciais no Conselho Fiscal da Aliança Participações e, mesmo sendo advertido por acionistas presentes na assembleia, o Sr. Marcelo

Zarif, na posição de presidente da mesa da assembleia geral, computou os votos, que terminaram por preponderar e eleger o conselheiro a quem foram direcionados. Neste sentido, a SEP atribui a infração ao art. 161, §4º, "a", combinado com o art. 128, ambos da Lei 6.404/76.

Por sua vez, a Procuraria Federal Especializada da CVM ("Procuradoria") discordou da opinião da SEP sob o argumento de que o presidente da mesa da assembleia geral deveria responder apenas pelo descumprimento de suas atribuições formais, de forma que não haveria "*previsão legal para se estender essa obrigação de juízo de valor ao presidente da mesa, mormente de plano e sobre um assunto usualmente controvertido que é o impedimento para o exercício do direito de voto em casos como o presente*". No entendimento da PFE o destinatário do processo sancionador deveria ser exclusivamente o acionista que votou em desconformidade com a regra estabelecida em lei, e não o presidente da mesa que recebeu os votos.

Por sua vez, o acusado se defendeu ressaltando a ausência de previsão legal que estenda ao presidente da mesa o juízo de valor a respeito dos votos proferidos em assembleia e afirmando que, nesta posição, seria responsável apenas por organização dos trabalhos e orientação dos participantes.

Após tais considerações o Diretor Relator Henrique Machado registrou em seu voto o seu entendimento no sentido de que a CVM teria competência para avaliar o mérito das decisões do presidente da mesa ou até mesmo sobre a anulabilidade dos seus atos, mas não para instaurar processo administrativo contra ele, nos seguintes termos:

> Em que se pesem os argumentos e fundamentos lançados, tenho como necessária uma reflexão antecedente, não sobre a competência desta CVM para avaliar o mérito das decisões do presidente de uma assembleia ou ainda sobre a responsabilidade

> civil e a anulabilidade dos atos desse agente no exercício das suas atribuições, mas sobre a competência desta comissão para instaurar processo administrativo contra ele e aplicar-lhe sanções administrativas, nos termos da legislação em vigor.

Dando continuidade, tomou como base o artigo 9º, incisos V e VI, da Lei 6.385/1976 para justificar que o poder da CVM está restrito a apurar atos ilegais e práticas não equitativas de administradores, membros do conselho fiscal e acionistas de companhias abertas, dos intermediários e dos demais participantes do mercado, cabendo a CVM impor penalidades apenas a estes, de forma que, por não figurar no rol de sujeitos passivos da ação sancionadora da autarquia, os presidentes da mesa da assembleia geral de acionistas das companhias abertas não estariam sujeitos ao poder sancionador da CVM.

Antecipando-se a eventuais questionamentos e críticas o relator adiciona em seu voto que o presidente da assembleia poderia ser um administrador da companhia, acionista ou quaisquer dos sujeitos descritos no citado dispositivo legal, contudo, ainda assim, não poderiam ser julgados pela CVM na condição de presidentes da mesa da assembleia, mas sim em sua condição precedente. Neste sentido afirma que:

> (...) as atribuições de direção da assembleia pelo presidente da mesa são técnicas e instrumentais e, a princípio, não se confundem com aquelas dos administradores. Por outro lado, o administrador, fiscal ou acionista que porventura presidir a mesa de uma assembleia não se demite, ainda que temporariamente, das obrigações que possui em razão de sua outra função, e não se elide das responsabilidades a ela inerentes.

Conclui, portanto, atuando como presidente da mesa da assembleia, na hipótese em que o administrador vier a atuar de forma a favorecer um acionista ou grupo de acionistas em detrimento do interesse da empresa, este estaria, em tese, sujeito à responsabilização pela CVM na qualidade de administrador, por violação aos deveres fiduciários que lhe são inerentes.

Ainda neste âmbito afirma que a expressão "demais participantes do mercado" contida na parte final do inciso V do artigo 9º da Lei 6.385/1976, não poderia abranger o presidente da mesa de assembleia de uma companhia aberta, citando como exemplo a inclusão dos membros do conselho fiscal na relação de legitimados passivos por oportunidade de alteração legislativa promovida pela Lei nº 9.457/1997, por não ser entendido na época que tais profissionais estariam abrangidos no referido conceito. Adiciona que a interpretação abrangente levaria a crer que outros profissionais atuantes nas companhias abertas, tais como executivos não estatutários, membros de comitês não estatutários e consultores externos, estariam sujeitos ao poder sancionador da CVM, havendo entendimento pacificado no sentido de que não estão.

Por fim, ressalta que o art. 128 da Lei 6.404/1976 é voltado apenas para a disciplina da composição da mesa da assembleia geral e não trata do padrão de conduta esperado do presidente da mesa, votando pelo reconhecimento da ilegitimidade ativa da CVM para apurar mediante processo administrativo, supostos atos ilegais e aplicar sanções a pessoas que assumam referida posição, bem como pela extinção do processo sem julgamento do mérito no que se refere à atuação do Sr. Marcelo Zarif como presidente da mesa da assembleia geral.

Neste caso é importante ressaltar que a decisão quanto à incompetência da CVM para julgar o presidente da mesa não foi aprovada por unanimidade dentre os membros do Colegiado. O Diretor Gustavo Borba apresentou voto discordando das conclusões do relator quanto à preliminar, justificando com base no entendimento registrado pela CVM no julgamento do PAS

CVM Nº RJ 2008/12062 (cuja decisão será analisada adiante neste trabalho) sob o argumento de que ao reconhecer a própria incompetência a CVM estaria inviabilizando o exercício da sua atribuição de assegurar o funcionamento eficiente e regular do mercado.

No que se refere ao limite subjetivo da expressão "outros participantes do mercado", contida na parte final do inciso V do artigo 9º da Lei 6.385/1976, o Diretor Gustavo Borba afirma que a função do presidente da mesa é de fundamental importância para garantia dos direitos de voto dos acionistas e que este, ao contrário dos executivos não estatutários das companhias abertas, não tem seus atos aprovados ou supervisionados por qualquer outro órgão da companhia. Finaliza ressaltando que, além da questão jurídica que pode ser considerada controversa, afastar a competência da CVM nestes casos representaria uma sinalização ruim para o mercado, reduzindo o desincentivo a eventuais pretensões de atuação irregular.

3.2. Voto do Diretor Eliseu Martins no Âmbito do PAS CVM Nº RJ 2008/12062

Trata-se de processo administrativo sancionador julgado pelo colegiado da CVM em 14 de julho de 2009, instaurado para apurar a responsabilidade do presidente e da secretária da mesa da assembleia geral da Telecomunicações Brasileiras S.A. – Telebrás ("Telebrás"), realizada em 04 de abril de 2007 ("AGO de 2007"), por não permitirem a participação de acionista na eleição de membro do Conselho Fiscal.[27]

[27] BRASIL. Comissão de Valores Mobiliários. **PROCESSO ADMINISTRATIVO SANCIONADOR CVM Nº RJ2008/12062**. Diretor Relator: Eliseu Martins. Rio de Janeiro, 14 de julho de 2009. Disponível em: http://www.cvm.gov.br/export/sites/cvm/sancionadores/sancionador/anexos/2009/20090714PASRJ200812062.pdf. Acesso em 30 de maio de 2018.

O Sr. Antonio Carlos da Silva Estevão, acionista da Telebrás, enviou carta à CVM e ao Diretor de Relações com Investidores da Telebrás informando que fora impedido, pelo presidente e secretária da mesa da AGO de 2007, de eleger membro do conselho fiscal sob o argumento de que não efetuou o depósito do extrato de suas ações 48 horas antes da referida assembleia. Adicionou que, em que pese tal orientação constar do edital de convocação da AGO de 2007, tal regra não está prevista no estatuto social da Telebrás, bem como que, mesmo não tendo depositado o documento no prazo estipulado, teve seu nome incluído no livro de presença de acionistas, o que confirmaria o entendimento da mesa de que estaria apto à participar da assembleia geral.

Importante esclarecer que a mesa da AGO de 2007 foi composta pelo Sr. Luiz Frederico de Bessa Fleury, como presidente da mesa, procurador da Fazenda Nacional que representou a União Federal, acionista controladora da Eletrobrás, e Sra. Raimunda Nonata Pires, secretária da mesa, acionista da Companhia.

Atendendo à solicitação de esclarecimentos por parte da CVM, a Telebrás informou em resumo que: (i) o depósito prévio do extrato foi exigido no edital de convocação da AGO de 2007; (ii) o acionista Antônio Carlos da Silva Estevão apresentou o referido documento fora do prazo estabelecido; (iii) diante da irregularidade da documentação a posição de membro do conselho fiscal foi ocupada pela acionista Raimunda Nonata Pires; e (iv) que o Conselho de Administração da Telebrás atuou no exercício de suas atribuições quando exigiu, no edital de convocação, o depósito prévio do extrato de posição acionária, ressaltando que este procedimento tem sido adotado pela companhia por mais de dez anos, sem que nenhum questionamento tenha sido registrado.

Importante reiterar que a acionista Raimunda Nonata Pires foi também escolhida para atuar como secretária da mesa da AGO de 2007, figurando também no polo passivo do processo em questão.

Com base na reclamação do acionista a CVM questionou a Telebrás quanto ao correto entendimento em virtude de possível conflito entre o edital de convocação e a ata da AGO de 2007, solicitando que a administração esclarecesse se a intenção era exigir que o acionista depositasse com 48 horas de antecedência os extratos comprovadores de sua condição de acionista, ou exigir que o acionista apresentasse quando de seu comparecimento à assembleia extrato emitido em até 48 horas. Em resposta, a Telebrás argumentou que o extrato emitido pelo custodiante deveria conter registro de data dentro do intervalo entre o dia 02 de abril de 2007 e o dia 04 de abril de 2007, ou seja, 48 horas antes da instalação da AGO/2007, bem como que os extratos apresentados pelos reclamantes foram emitidos em 26, 28 e 30 de março de 2007, o que contrariaria o edital.

Dando seguimento, em resposta a questionamentos da área técnica, a Procuradoria Federal Especializada da CVM se posicionou no seguinte sentido: (a) que o estatuto da Telebrás não previa a exigência de depósito prévio do comprovante de titularidade de ações e, considerando que o art. 126, II da Lei 6.404/76 determina que a regra é tão somente a exibição do documento, somente uma norma estatutária poderia exigir o depósito prévio; (b) que a redação do edital de convocação é dúbia, suscitando questionamentos; (c) que a intenção da lei, quando exige o depósito do referido documento, é de permitir a participação do acionista na assembleia geral como um todo, não sendo correta a conduta da Telebrás de permitir que o acionista assinasse o livro de presença mas o impedisse de exercer o seu voto; e (d) que, em análise preliminar, a responsabilidade por tais irregularidades poderia ser atribuída àqueles que dirigiam a assembleia.

A CVM encaminhou solicitação de esclarecimentos ao Sr. Luiz Frederico de Bessa Fleury, na qualidade de presidente da mesa e Sra. Raimunda Nonata Pires, na posição de secretária.

Em defesa do Sr. Luiz Frederico de Bessa Fleury, que representava a União Federal na AGO de 2017, a Coordenadora-Geral da Representação Extrajudicial da Fazenda Nacional se manifestou afirmando que o edital de convocação havia sido elaborado pela Telebrás, cuja administração seria a responsável pela exigência de depósito prévio do extrato acionário. Reiterou que tal prática vinha sendo adotada pela companhia desde 1972, sem qualquer questionamento, bem como que o representante da União e presidente da mesa não interferiu na redação do edital, sendo de responsabilidade da administração da Telebrás as exigências nele contidas. Ademais, afirmou que o presidente da assembleia não havia impedido os acionistas de exercerem seus direitos por ter presumido que as regras constantes no edital eram válidas e por ter atendido plenamente às solicitações de registros e questionamentos levantados naquela oportunidade.

Com base nesta manifestação a Procuradoria Federal Especializada da CVM manteve suas conclusões anteriores, justificando que não estava esclarecida a atuação do presidente da mesa quanto à exigência de nova comprovação da qualidade de acionista, após ter sido admitida sua presença na AGO.

Por sua vez, a Sra. Raimunda Nonata Pires, na qualidade de secretária da mesa, manifestou-se reiterando que os extratos foram entregues fora do prazo estabelecido no edital de convocação, que é lei interna da assembleia e deve ser cumprido.

Superada a fase de esclarecimentos, a Superintendência de Relações com Empresas da CVM apresentou o termo de acusação imputando ao presidente e secretária da mesa da assembleia geral a responsabilidade por infração ao disposto no inciso III e no §2º do art. 109 da Lei 6.404/76, ao impedirem os acionistas Antonio Carlos da Silva Estevão e Roberto Nunes de Miranda de fiscalizar a gestão dos negócios da companhia, não permitindo sua participação na eleição de membro do Conselho Fiscal da Telebrás.

A SEP adicionou que ao serem questionados sobre a correta interpretação do edital os participantes da assembleia apresentaram respostas divergentes. O diretor de relações com investidores informou que, no seu entendimento, o extrato deveria ser emitido com até 48 horas de antecedência e apresentado na data da assembleia. Enquanto que, para a secretária da mesa, o extrato deveria ser depositado no prazo de 48 horas que antecedia a assembleia. Desta forma, uma vez que a redação do edital suscitava dúvidas, deveria ter sido adotada a interpretação mais benéfica ao acionista.

Ainda no entendimento da SEP, ao assinar a lista de presença os acionistas foram aceitos pela mesa diretora como aptos a participar e votar na assembleia, uma vez que inexiste previsão que permita exigir nova comprovação para o exercício do direito de voto durante a realização da assembleia. A Superintendência adicionou, ainda, que caso tivesse exercido o seu direito de voto, o acionista Antonio Carlos da Silva Estevão teria ações suficientes para eleger o seu candidato a conselheiro fiscal, pois tinha 70.000.000 ações preferenciais, contra 19.000 ações preferenciais da Sra. Raimunda Nonata Pires.

Por ocasião da apresentação das defesas o Sr. Luiz Fleury, presidente da mesa, requereu em preliminar a sua exclusão do processo por falta de legitimidade passiva, uma vez que havia participado da referida assembleia apenas como representante da União, de forma que seus atos não poderiam gerar responsabilização do mandatário perante terceiros. Desta forma, requereu o chamamento da União para prestar esclarecimentos. No mérito reiterou que teria apenas aplicado norma constante do edital, que tinha sido elaborado e aprovado pela Eletrobrás, cabendo ao presidente da assembleia presumir a legalidade das normas contidas no edital, além da regularidade da representação dos acionistas conforme havia sido informado pela administração. Adicionou que atendeu a todos os questionamentos dos acionistas e fez com que suas manifestações constassem em ata. Por fim, afirmou que não competia ao presidente da mesa solucionar a questão suscitada pelos acionistas, por se tratar de responsabilidade da área jurídica da companhia.

Por sua vez, a Sra. Raimunda Nonata Pires, secretária da mesa, apresentou as mesmas questões de mérito e acrescentou que, nesta posição, competia-lhe apenas registrar os fatos ocorridos e assinar a ata.

O Diretor-Relator Eliseu Martins, em análise da preliminar arguida pelo Sr. Luiz Fleury, votou pela sua improcedência, em especial porque a acusação estava considerando a sua atuação como presidente da AGO/2007 e não como acionista ou representante do acionista controlador. Neste sentido, explica que a atuação do presidente e da secretária da mesa da assembleia implica atribuições e responsabilidades que não se confundem com a do acionista.

No mérito, reconhece que a lei não prevê de forma sistemática as atribuições dos componentes da mesa da assembleia e que os atos praticados previamente à instalação da assembleia são de responsabilidade dos administradores da companhia, incluindo a checagem dos documentos de legitimação dos acionistas. Todavia, explicita o seu entendimento no sentido de que cabe ao presidente da mesa dirimir eventuais conflitos havidos entre os acionistas e, no caso em análise, a decisão de impedir acionistas de eleger membros do conselho fiscal não encontrava respaldo legal. Ademais, na dúvida sobre qual entendimento deve ser aplicado, deve-se adotar o mais favorável ao acionista.

Segue ressaltando que o presidente da mesa, ao impedir acionista de participar da eleição do conselho fiscal, representa infração ao art. 109, III, e §2º da Lei 6.404/76, que visa assegurar o direito do acionista de fiscalizar a gestão dos negócios sociais.

Ainda no que se refere ao argumento do acusado de que cumpria à área jurídica da companhia tal decisão, o Diretor-

-Relator explica que esta não configura orientação jurídica, bem como que não há qualquer exigência legal no sentido de que o presidente da assembleia seja profissional apto a conferir orientação jurídica, sendo exigido apenas que, no exercício de suas atribuições, aja de acordo com as disposições legais aplicáveis. No que se refere à secretária da mesa, registra que a decisão sobre a participação de acionista não compete de nenhuma maneira à secretária da mesa. Suas funções compreendem unicamente auxiliar o presidente e efetuar os devidos registros, o que foi feito.

Por fim, o Diretor-Relator votou pela absolvição de Raimunda Nonata Pires por sua atuação como secretária da mesa e pela aplicação da penalidade de advertência ao Sr. Luiz Fleury, pelo descumprimento do inciso III e §2º do art. 109 da Lei 6.404/76, sendo considerada a primariedade do acusado como atenuante. Reconheceu, ainda, ter o acusado agido de boa-fé, uma vez que atuou como presidente da assembleia geral ordinária do ano seguinte, sem que tenha sido registrada qualquer reclamação, bem como que o autor da reclamação que deu origem ao processo, Sr. Antonio Carlos da Silva Estevão, foi eleito conselheiro fiscal da Eletrobrás nas assembleias ordinárias de 2008 e de 2009.

O voto do Diretor-Relator foi acompanhado por unanimidade dos demais diretores, Srs. Eli Lória (que na oportunidade aproveitou para ressaltar que o voto do relator havia sido muito bem lançado), Marcos Barbosa Pinto, Otávio Yazbek e Maria Helena dos Santos Fernandes de Santana, então presidente da CVM.

Conclusão

Com a elaboração do presente trabalho podemos concluir que cabe ao presidente da mesa da assembleia geral, em apertada síntese, a condução geral dos trabalhos, organização das discussões e resolução dos conflitos que eventualmente surjam no decorrer do conclave. Por sua vez, cabe ao secretário auxiliar o presidente e efetuar os registros pertinentes, levando em consideração as consignações feitas pelos acionistas presentes.

Com exceção das disposições relativas aos votos regulados por acordos de acionistas por meio da introdução dos §§8º e 9º do art. 118 da Lei 6.404/76, não há previsão legal que elenque de forma taxativa as funções ou determine os limites de responsabilidade do presidente da mesa das assembleias gerais, conforme destacado por Modesto Carvalhosa[28].

Não prevê a Lei especificamente a responsabilidade dos componentes da Mesa, notadamente do presidente, uma vez que não se trata de um órgão, mas de mera função que se caracteriza por uma atividade necessariamente discricionária, porque fundada em critérios opinativos, procedimentos indutivos, interpretações jurídicas e elementos de experiência, nem sempre fixos e constantes.

Além da definição doutrinária nos parece claro que há consenso dentre os dois votos analisados quanto às atividades que são de responsabilidade do presidente da assembleia geral. Todavia, não há alinhamento quanto à competência ou não da CVM para processar e jugar o presidente da assembleia.

Além da divergência de entendimento dos votos analisados nestes trabalhos há que se ressaltar o posicionamento da Procuradoria Federal Especializada da CVM. No julgamento do PAS relativo à assembleia geral da Telebrás, julgado em julho de 2009, o referido órgão afirma que, em análise preliminar, a responsabilidade pelas possíveis irregularidades poderia ser atribuída àqueles que dirigiram a assembleia. Já no segundo, relativo à Companhia de Participações Aliança da Bahia, julgado em fevereiro de 2018 a orientação foi no sentido de que não

[28] Carvalhosa, Modesto. Comentários à Lei de Sociedades Anônimas. 6ª ed. São Paulo: Saraiva, 2014. 2º Volume, página 1038.

haveria previsão legal para estender ao presidente da assembleia o juízo de valor relativo à legitimidade do acionista para participar da eleição de membros do conselho fiscal, uma vez que se tratava de assunto usualmente controvertido. Portanto, considerando que no primeiro caso o conflito era meramente formal, relativo à tempestividade da apresentação de documento por acionista e, no segundo se tratava de discussão de mérito que vem sendo discutida, se pode concluir que a visão da referida Procuradoria é no sentido de que cabe ao presidente atividades meramente formais e não julgamentos de mérito para assuntos não regulados.

De fato não seria adequado responsabilizar o presidente da mesa da assembleia por decisões de mérito subjetivas, em especial aquelas que sequer estão pacificadas em doutrina e jurisprudência, seja ela da CVM ou do judiciário, como nos casos de conflito de interesse formal ou material e impedimento de voto. Neste caso, como bem ensina Sérgio Botrel, a decisão de não computar os votos é da assembleia geral e não de quem preside a mesa e seu mérito deverá ser realizado posteriormente pela via adequada.

> Já nos casos em que o conflito de interesses é de natureza *substancial,* ou nos casos de *abuso do direito de voto,* a abertura do tipo normativo impede que a mesa deixe de computar os votos, haja vista a impossibilidade de se exercer o juízo de valoração do voto na estreita análise empreendida nas reuniões assembleares. (...)[29]

Ainda assim, a ausência de regulamentação específica não pode ser interpretada como reconhecimento de que os atos

[29] **Botrel, Sérgio**. A mesa das assembleias gerais das S/A. In: Sérgio Botrel. (Org.). Direito Societário: Análise Crítica. 1ed. São Paulo: Editora Saraiva, 2012, p. 29.

praticados por presidentes de assembleia não são relevantes para o bom andamento do mercado de capitais, uma vez que as empresas que são orientadas por tais decisões, sociedades anônimas e companhias abertas, são de grande relevância não só para o mercado de capitais, mas para a economia nacional. Por esta razão nos preocupa que a CVM, reconhecida como xerife do mercado de capitais, se olvide de regular a natureza e amplitude dos poderes do presidente da assembleia, bem como de julgá-lo quando as ilegalidades no desempenho da sua função são patentes.

Concordamos com o Diretor Gustavo Borba quando afirma em sua manifestação de voto que, muito embora exerça uma função predominantemente burocrática, a atuação do presidente possui relevância estratégica para o funcionamento correto da assembleia, especialmente quanto ao exercício do direito dos acionistas, em especial por não estarem submetidas à revisão por nenhum outro órgão superior da companhia.

Concordamos também que a afirmação do Diretor Relator Henrique Machado no sentido de que eventual interpretação abrangente do termo "outros participantes do mercado" levaria a crer que outros profissionais atuantes nas companhias abertas, tais como executivos não estatutários, estariam sujeitos ao poder sancionador da CVM, deixa de considerar que tais executivos se subordinam aos diretores estatutários, sendo estes últimos os responsáveis por aprovar as decisões e fiscalizar a atuação de suas respectivas equipes, no âmbito de suas responsabilidades.

A existência de dois julgados em sentido diverso sobre a competência da Autarquia para processar e julgar tal figura, não apenas ressalta a falta de pacificação sobre o tema como gera insegurança jurídica no mercado de capitais, tanto para os investidores, que ficam à mercê de decisões sem fundamento por parte de quem conduz as assembleias, órgão máximo de tomada de decisão das companhias, quanto para quem atua como presidente da mesa, por falta de definição e limite quanto as suas responsabilidades.

Na hipótese de ser pacificado o entendimento da CVM quanto a sua incompetência para processar e julgar o presidente haveriam duas principais consequências que merecem citação. A primeira diz respeito à capacidade técnica da CVM para tratar de assuntos relacionados ao mercado de capitais, o que dificilmente se verifica no judiciário. Os dirigentes da autarquia seriam, a princípio, os mais bem qualificados profissionais para uma análise que deve ir além da legalidade, observando a relevância e impacto das ações do presidente da mesa. A segunda consequência seria a insegurança jurídica causada no mercado e especialmente para aqueles que eventualmente são eleitos para tal função, ficando a mercê de entendimentos diversos, tanto de autoridades do Poder Executivo quanto do Poder Judiciário, por falta de regulamentação ou de jurisprudência que sirva de guia para suas ações.

Por fim, entendemos que o poder sancionador da CVM deve abranger os atos do presidente da mesa da assembleia geral de acionistas de companhias abertas, especialmente por se tratar de participante do mercado cuja função está, inegavelmente, no âmbito de atuação da Autarquia, especialmente pela sua capacidade de permitir ou não o exercício do direito de voto de acionistas em matérias claramente pacificadas e em linha com os preceitos legais e regulamentares.

Referências

Amendolara, Leslie. O processo administrativo sancionador no âmbito do mercado de capitais. Rio de Janeiro: Forense Universitária, 2008

Botrel, Sérgio. A mesa das assembleias gerais das S/A. In: Sérgio Botrel. (Org.). Direito Societário: Análise Crítica. 1ed. São Paulo: Editora Saraiva, 2012, p. 16-33.

Carvalhosa, Modesto. Comentários à Lei de Sociedades Anônimas. **6ª ed. São Paulo: Saraiva, 2014. vol. 1 a 4.**

Carvalhosa, Modesto. Eizirik, Nelson. Estudos de direito empresarial. **São Paulo: Saraiva, 2010.**

Código das Boas Práticas para Assembleias de Acionistas. / **Instituto Brasileiro de Governança Corporativa**. São Paulo, SP: 2010

Comissão de Valores Mobiliários. **PROCESSO ADMINISTRATIVO SANCIONADOR CVM Nº RJ2008/12062**. Diretor Relator: Eliseu Martins. Rio de Janeiro, 14 de julho de 2009. Disponível em: http://www.cvm.gov.br/export/sites/cvm/sancionadores/sancionador/anexos/2009/20090714PASRJ200812062.pdf. Acesso em 30 de maio de 2018.

Comissão de Valores Mobiliários. **PROCESSO ADMINISTRATIVO SANCIONADOR CVM Nº RJ2013/2759**. Diretor Relator: Henrique Balduino Machado Moreira. Rio de Janeiro, 20 de fevereiro de 2018. Disponível em: http://www.cvm.gov.br/export/sites/cvm/noticias/anexos/2018/20180220_Relatorio_Companhia_de_Participacoes_Alianca_da_Bahia.pdf . Acesso em 30 de maio de 2018.

Da Silveira, Alexandre Di Miceli. Governança corporativa no Brasil e no mundo: teoria e prática. **Rio de Janeiro: Elsevier, 2010.**

Eizirik, Nelson Laks. A Lei das S/A comentada. **São Paulo: Quartier Latin, 2ª edição, 2011. vol. I a III.**

Eizirik, Nelson; Gaal, Ariádna B.; Parente, Flávia; Henriques, Marcus de Freitas. Mercado de capitais: regime jurídico. 3. ed. rev. e ampl. **Renovar: Rio de Janeiro, 2011.**

Eizirik, Nelson Laks. O papel do Estado na regulação do mercado de capitais. 1ª Edição. **IBMEC: Rio de Janeiro, 1997.**

Lamy Filho, Alfredo; Bulhões Pedreira, José Luiz. Direito das Companhias. 2. ed., atual. e ref. – **Rio de Janeiro: Forense, 2017**.

Loria, Eli; Kalansky, Daniel. Processo Sancionador e Mercado de Capitais: Estudos de Casos e Tendências; Julgamentos da CVM. **São Paulo: Quartier Latin, 2016.**

Martins, Fran. Comentários à Lei das Sociedades Anônimas. Rio de Janeiro: Forense, 1984. v. 2, t. I.

Munhoz de MellO, Rafael. Princípios constitucionais de direito administrativo sancionador: as sanções administrativas à luz da constituição federal de 1998. **São Paulo. Malheiros: 2007.**

Prado, Viviane Muller; Carmo, Lie Uema (Org.); Navarro, A. A. (Org.); Rodrigues, A. C. (Org.); Souza, A. R. O. M. (Org.); Pacheco, B. T. (Org.); Akkerman, G. (Org.) ; WINGE, J. D. (Org.); Leao, L. C. (Org.); Andrade, R. A. R. (Org.). Estudos empíricos sobre temas de direito societário. 1. ed. São Paulo: Saraiva, 2012.

A Consolidação Substancial no Brasil: Uma Análise Prática

Victor Dias Vieira Clementino

Introdução

Tema quase sempre presente nas maiores recuperações judiciais do país, a consolidação substancial pode ser definida como a unificação dos ativos e passivos de diversas sociedades devedoras integrantes de um mesmo grupo econômico em uma só "entidade devedora", que terá a prerrogativa de propor aos credores daquele grupo uma solução universal para o passivo consolidado.[1]

Na prática, a consolidação substancial costuma resultar na apresentação pelas sociedades devedoras de um plano de recuperação judicial unificado, contemplando uma proposta de pagamento comum para as dívidas das diferentes sociedades componentes do grupo econômico. Tal plano é então submetido a uma assembleia de credores na qual os credores das diversas sociedades são congregados para votar pela aprovação ou rejeição da estratégia comum de soerguimento empresarial das sociedades do grupo.

[1] Cerezetti, S.C. Neder; Grupo de Sociedades e Recuperação Judicial: O indispensável encontro entre direitos societário, processual e concursal. In: Yarshell, Flavio L; Pereira, Guilherme Setoguti J. (Coord.) Processo Societário. v.11. São Paulo: Quartier Latin, 2015.

O fundamento comumente utilizado para se desconsiderarem as relações bilaterais entre credores e devedores nas recuperações judiciais, amontoando-se as dívidas de diferentes sociedades devedoras em uma só entidade fictícia, é permitir às sociedades recuperandas uma reestruturação coerente, ordenada e alinhada com o princípio da preservação da empresa.

De fato, em um grupo econômico cujas atividades das diversas sociedades que o integrem sejam interdependentes, é possível que o destino de cada sociedade do grupo esteja fatalmente relacionado ao destino do grupo como um todo. A existência de garantias cruzadas e dívidas *intercompany*, a utilização de sociedades-veículo para a captação de recursos, bem como a verticalização da cadeia de produção contribuem para um potencial e irremediável "efeito dominó". Práticas menos ortodoxas, como confusão patrimonial ou abuso da personalidade jurídica, também podem gerar esse resultado.

Havendo entrelaçamento das atividades, muitas das vezes, a falência de apenas uma sociedade do grupo econômico pode comprometer a continuidade das atividades empresariais do grupo como um todo, o que, em teoria, traria a reboque efeitos nocivos à coletividade, como a perda de empregos, a diminuição da arrecadação, bem como a redução dos níveis de atividade econômica.[2]

Sob essa ótica, a votação conjunta de um plano universal de recuperação judicial concebido para resolver a situação financeira do grupo econômico como um todo pode fazer todo o sentido. Se as atividades de empresa desenvolvidas por determinado grupo econômico merecem ser preservadas, que sejam preservadas todas as engrenagens societárias que a desenvol-

[2] Cerezatti, S.C. Neder. A Recuperação Judicial de Sociedade por Ações: O Princípio da Preservação da Empresa na Lei de Recuperação e Falência, São Paulo, Malheiros, 2012, pp. 203-216.

vem, evitando-se a perda de sinergias e a mais-valia decorrente do desenvolvimento organizado das atividades de produção. Se não merecem, que essas mesmas sociedades tenham o destino comum da falência.

Apesar de coerente do ponto de vista do devedor, esse discurso utilitarista desconsidera por completo os interesses individuais dos credores das diversas sociedades e as prerrogativas estruturais e privilégios inerentes aos créditos existentes. Na prática, a consolidação substancial equivale a uma desconsideração da personalidade jurídica dos devedores; porém, subvertendo-se a lógica da legislação civil, a desconsideração da personalidade jurídica nas recuperações judiciais geralmente se dá em benefício dos devedores – e, em muitos casos, com grave prejuízo aos credores).

O prejuízo aos credores decorre essencialmente da possiblidade de que, com a votação unificada do plano de recuperação judicial, o quórum da assembleia geral de credores seja manipulado. Isso porque os credores das diferentes sociedades têm, naturalmente, expectativas maiores ou menores de retorno sobre seus créditos, que variam conforme o grau de (in)solvência dos seus respectivos devedores e a qualidade dos seus créditos. Essas expectativas diferentes desalinham os interesses dos credores, o que os deixa vulneráveis ao maior dos artifícios utilizados por devedores para diluir o poder dos credores de se oporem ao plano de recuperação judicial: a consolidação substancial.

A situação fica mais clara com um exemplo. Imagine-se um cenário de consolidação substancial em que um único credor quirografário de sociedade operacional (com ativos suficientes para arcar com a integralidade de seu passivo) seja obrigado a votar em um plano unificado em conjunto com credores da sociedade holding pura que a controla (e cujo único ativo seja essa participação). Ainda que o plano unificado preveja um deságio de 90% (noventa por cento) do valor de face de todas as dívidas – ou seja, tanto das dívidas da sociedade operacional quanto as da holding – os credores da holding ainda assim tenderiam a votar pela aprovação do plano, pois receberiam mais do que em eventual falência, em que sua recuperação seria mínima ou nenhuma. Por outro lado, o credor da sociedade operacional, que teria uma pretensão de recuperação integral na falência – e que, portanto, teria uma fortíssima tendência a votar contra o plano do devedor – se veria forçado a aceitar um deságio aviltante caso os credores da holding prevalecessem na votação unificada do plano, bastando, para isso, que tivessem créditos somados superiores ao seu.

Ao que se vê, uma vez forçados a repartir do mesmo bolo credores que deveriam estar em posições estruturais diferentes (e que, portanto, teriam interesses diferentes), basta ao devedor colocá-los em antagonismo ao prometer à maioria um benefício indevido, ao mesmo tempo em que espolia da minoria as prerrogativas dos seus créditos. Trata-se de aplicação de manual da velha máxima da ciência-política: *dividir para conquistar.*

A estratégia do devedor nesses casos é parecida com aquela adotada por Robin Hood, o herói de Sherwood: tirar dos credores com privilégios estruturais para cooptar os credores estruturalmente subordinados. Se estes tiverem créditos suficientes para prevalecer na votação do plano em relação àqueles, o devedor fora-da-lei triunfa na recuperação judicial.

No Brasil, o fato é que a lei é completamente omissa quanto à possibilidade de se processar a recuperação judicial em consolidação substancial (o que faz mesmo do devedor Robin Hood um "fora-da-lei"). A jurisprudência, por outro lado, até a presente data, não apresentou uma solução definitiva para esses problemas.

Assim, o objetivo deste trabalho será analisar, a partir de uma análise prática, os efeitos da consolidação substancial nas recuperações judiciais, bem como propor critérios específicos para sua utilização, contribuindo para uma maior segurança jurídica quanto ao tema, sobretudo do ponto de vista dos credores.

1. Grupos de Sociedade no Direito Brasileiro

No Brasil, a Lei 6.404 de 1976 ("LSA") permite a existência de grupos de sociedades de direito ou de fato. Os primeiros são tratados no Capítulo XXI da LSA, intitulado "Grupos de Sociedades", mais precisamente nos arts. 265 a 277. Os últimos, no Capítulo XX, que trata das sociedades coligadas, controladoras e controladas. Em nenhum dos casos, há a constituição de uma personalidade jurídica diversa e independente para o grupo, mas tão somente o reconhecimento do vínculo empresarial entre as diversas pessoas jurídicas que o compõem.

Eduardo Munhoz ensina que a finalidade econômica do grupo de sociedades advém da combinação de unidade empresarial e diversidade jurídica, o que possibilita a adoção de estruturas organizativas diversas, que combinem recursos e esforços para alcançar, sob direção unitária, objetivos comuns.[3] Os grupos societários representam, portanto, importante mecanismo organizacional, que contribui para a geração de riqueza em sociedade.[4]

Para ilustrar melhor os benefícios dessa ficção social em segundo grau (sendo as próprias sociedades as ficções em primeiro grau), veja-se o seguinte exemplo: determinada companhia aérea decide fornecer aos seus clientes serviços de aluguel de carros, apostado suas fichas nas sinergias existentes entre as atividades. Ainda que tais sinergias de fato existam, os negócios

[3] MUNHOZ, Eduardo. "Arbitragem e Grupos de Sociedades", in Aspectos da Arbitragem Institucional – 12 anos da Lei 9.307/1996, (org.) Haroldo Malheiros Duclerc Verçosa. São Paulo: Malheiros, 2008, p. 174."

[4] HANSMANN, Henry; KRAAKMAN, Reinier, Organizational Law as Asset Partitioning, Working Paper, Number 252, September 1999, p. 6.

de aviação civil e aluguel de carros são, em essência, completamente distintos. Assim, deveriam os serviços de aluguel de carros ser estruturados como uma divisão independente, mas integrante da companhia de aviação, ou melhor seria a criação de nova pessoa jurídica, cujas ações seriam detidas pela companhia de aviação ou por uma holding comum a ambas?

De acordo com Hansmann e Kraakman, ainda que, em qualquer dos cenários, o total de ativos das empresas (assim entendidas suas atividades) seja o mesmo (ativos da empresa de aviação + ativos da empresa de locação de carros), e a administração seja compartilhada, a separação das empresas em pessoas jurídicas distintas pode reduzir significativamente os custos de captação de crédito. É como explicam os referidos autores:

> O motivo é que as sociedades que concedem crédito ao negócio de aluguel de carros – como os fabricantes de automóveis que vendem ou alugam carros para o negócio – geralmente estão em boa posição para avaliar o estado do negócio de aluguel de carros como um todo, bem como a capacidade com a qual a empresa de aluguel de carros é administrada. Mas, ao mesmo tempo, ignoram amplamente as perspectivas dos negócios das companhias aéreas. E o contrário provavelmente acontecerá com os credores da companhia aérea (como os fabricantes de aviões que fornecem à companhia seus aviões).[5]

[5] Em tradução livre: "The reason is that the firms that extend credit to the car rental business – such as the auto manufacturers who sell or lease cars to them – often will be in a good position to assess the state of the overall car rental business, as well as the ability with which this particular car rental firm is managed, while at the same time they are largely ignorant of the prospects of the airline business. And the reverse is likely to be true of the creditors of the airline company (such as the airplane manufacturers that supply their planes)". HANSMANN, Henry; KRAAKMAN, Reinier, op. cit., p. 8.

Assim, o pressuposto de se organizarem as atividades empresariais em pessoas jurídicas distintas, com direitos e obrigações próprias, é uma questão que se relaciona com a própria razão de existir dos grupos societários. Segundo Nelson Eizirik, "embora exista um comando do grupo, as empresas que o compõem são pessoas jurídicas distintas, cada uma delas com responsabilidade limitada aos seus próprios débitos."[6]

Em outras palavras, mesmo nos casos de constituição formal e legal de "Grupos de Sociedades", nos termos do art. 265 da LSA, são preservados a personalidade jurídica das sociedades agrupadas e respectivos patrimônios, por expressa determinação legal.[7] De fato, preocupada com a confusão conceitual, a LSA teve o cuidado de especificar que são preservadas as personalidades jurídicas das sociedades componentes de um grupo societário, ainda que tal grupo seja formalmente constituído como tal. É o que reza expressamente o art. 266 da LSA, seguindo-se ao art. 265 da mesma lei, em que os grupos de sociedades são previstos:

> Art. 266. As relações entre as sociedades, a estrutura administrativa do grupo e a coordenação ou subordinação dos administradores das sociedades filiadas serão estabelecidas na convenção do grupo, mas cada sociedade conservará personalidade e patrimônios distintos.

Com muito mais razão, portanto, a inexistência de solidariedade quando não há sequer formação e registro de um grupo de sociedades. Com efeito, tendo em vista a separação das per-

[6] Eizirik, Nelson, A Lei das S.A. comentada, v. III: artigos 189 a 300. São Paulo: Quartier Latin, 2011, com. Ao art. 243, n1. P. 372

[7] Vio, Daniel A. Ensaio sobre os Grupos de Subordinação, de Direito e de Fato, no Direito Societário Brasileiro. Tese de Doutorado – Faculdade de Direito da Universidade de São Paulo, São Paulo, 2014.

sonalidades jurídicas, a LSA prevê que "os administradores não podem, em prejuízo da companhia, favorecer sociedade coligada, controladora ou controlada",[8] respondendo perante a companhia pelas perdas e danos daí resultantes caso o façam. Novamente, é o que explica Nelson Eizirik:

> [A] sociedade controladora não pode utilizar o seu poder em detrimento de alguma controlada, a pretexto de beneficiar o grupo como um todo, devendo cada sociedade buscar o seu próprio interesse na consecução de seu objeto social.[9]

Entender de forma diferente violaria desde as regras acerca da personalidade jurídica (conforme acima mencionado), até o direito de propriedade (no sentido de direito à inviolabilidade do patrimônio sem o devido processo legal) protegido pela Constituição Federal, no seu art. 5°, caput,[10] e incisos XXII[11] e LIV.[12]

Nas recuperações judicias, tais princípios constitucionais não se alteram ou deixam de se aplicar – a recuperação judicial não é uma floresta sem leis em que as regras jurídicas são relegada ao segundo plano ou possam ser simplesmente afastadas

[8] Art. 245. Os administradores não podem, em prejuízo da companhia, favorecer sociedade coligada, controladora ou controlada, cumprindo-lhes zelar para que as operações entre as sociedades, se houver, observem condições estritamente comutativas, ou com pagamento compensatório adequado; e respondem perante a companhia pelas perdas e danos resultantes de atos praticados com infração ao disposto neste artigo.

[9] Eizirik, Nelson. Op.cit, p. 332.

[10] "Art. 5º Todos são iguais perante a lei, sem distinção de qualquer natureza, garantindo-se aos brasileiros e aos estrangeiros residentes no País a inviolabilidade do direito à vida, à liberdade, à igualdade, à segurança e à propriedade, nos termos seguintes:" (g.n.)

[11] "XXII – é garantido o direito de propriedade"

[12] "LIV – ninguém será privado da liberdade ou de seus bens sem o devido processo legal"

com fundamento no "super-trunfo" comumente invocado pelos devedores da "preservação da empresa".

As sociedades de um mesmo grupo econômico são sociedades diferentes, com riscos de crédito próprios em razão das suas qualidades individuais e autonomias patrimoniais. Reforçando esse entendimento, foi recentemente promulgada a Lei 13.874 de 2019 (Lei da Liberdade Econômica), que introduz no Código Civil o novel art. 49-A, cujo parágrafo úncio assim dispõe:

> A autonomia patrimonial das pessoas jurídicas é um instrumento lícito de alocação e segregação de riscos, estabelecido pela lei com a finalidade de estimular empreendimentos, para a geração de empregos, tributo, renda e inovação em benefício de todos.

Não poderia ser diferente, afinal, a autonomia patrimonial de cada sociedade do grupo econômico é levada em consideração por credores – instituições financeiras, fornecedores de bens e serviços, parceiros, *bondholders* etc. – no momento em que contratam com tais sociedades ou precificam o crédito que a elas concedem.

De forma pertinente, a Exposição Justificativa do projeto de lei que resultou na LSA afastou a solidariedade entre as sociedades integrantes de grupo econômico, "pois a experiência mostra que o credor, em geral, obtém a proteção de seus direitos pela via contratual, e exigirá solidariamente quando o desejar".[13] Em

[13] "O grupo de sociedades é uma forma evoluída de inter-relacionamento de sociedades que, mediante aprovação pelas assembleias gerais de uma "convenção de grupo" dão origem a uma "sociedade de sociedades". Nas sociedades não grupadas, os administradores – como se vê do artigo 246 – são responsabilizados por qualquer favorecimento de uma sociedade a outra; e tal favorecimento – pela frequência e facilidade com que ocorre, em prejuízo dos minoritários – está sujeito a sanções e procedimento especial (art. 247 e seus §§); já no "grupo" uma sociedade pode trabalhar para as outras, porque convencionam combinar

linha com esse entendimento, na prática, quando uma dívida é efetivamente assumida por mais de uma sociedade de um grupo, essas sociedades dão, cada uma, a chamada "garantia corporativa" de pagamento da dívida, ou assumem esta obrigação de maneira solidária. De fato, cada sociedade tem autonomia patrimonial, e a solidariedade não se presume, deve ser contratada ou decorrer de lei.

Nesse ponto, tem pertinência o princípio da segurança jurídica, dado que os credores de cada sociedade não podem ter seus direitos sobre o patrimônio de seus respectivos devedores afetados por dívida de outra sociedade, exceto nas situações específicas e excepcionais previstas em lei.

E, especificamente no tocante às recuperações judiciais, como já dito acima, não há nenhum dispositivo que permita que sociedades recuperandas sejam transformadas em um amálgama societário indistinguível. Entender de outra forma afetaria a própria razão de existir dos grupos econômicos, os quais, sob a perspectiva do direito econômico moderno, existem como forma de facilitar os processos organizacionais e de captação de crédito por meio da segregação das estruturas de

recursos ou esforços para a realização dos respectivos objetos, ou para participar de atividades ou empreendimentos comuns Em suma: o grupo são sociedades associadas a caminho da integração, que se opera mediante incorporação ou fusão; mas, até lá, as sociedades grupadas conservam a sua personalidade jurídica, e podem voltar à plenitude da vida societária, desligando-se do grupo. No artigo 267, o Projeto absteve-se de criar a responsabilidade solidária presumida das sociedades do mesmo grupo, que continuam a ser patrimônios distintos, como unidades diversas de responsabilidade e risco, pois a experiência mostra que o credor, em geral, obtém a proteção dos seus direitos pela via contratual, e exigirá solidariedade quando o desejar. Ademais, tal solidariedade, se estabelecida em lei, transformaria as sociedades grupadas em departamentos da mesma sociedade, descaracterizando o grupo, na sua natureza de associação de sociedades com personalidade e patrimônio distintos." Disponível em http://www.cvm.gov.br/export/sites/cvm/legislacao/leis-decretos/anexos/EM196-Lei6404.pdf produção e gestão de cada entidade do grupo em núcleos isolados, evitando-se a contaminação empresarial e facilitando-se a gestão (sobretudo sob a ótica da governança corporativa) e a precificação do crédito.

Afastada, assim, a presunção de solidariedade das sociedades integrantes de grupo societário nas recuperações judiciais pelo só-fato de fazerem parte de um grupo econômico, cabe indagar se tal solidariedade poderia se dar ou ser determinada na recuperação judicial como decorrência do conhecido instituto da desconsideração da personalidade jurídica.

2. Desconsideração da Personalidade Jurídica

Tradicionalmente associada a uma disfuncionalidade do uso da pessoa jurídica, a teoria convencional afirma que a desconsideração é "o mais agudo sintoma de crise de *função*"[14] da pessoa jurídica e resulta em "não considerar os efeitos da personificação, para atingir a responsabilidade dos sócios".[15] É o que ensina Rubens Requião, primeiro jurista a tratar do assunto no Brasil:

> Se a personalidade jurídica constitui uma criação da lei, como concessão do Estado à realização de um fim, nada mais procedente do que se reconhecer no Estado, através de sua justiça, a faculdade de verificar se o direito concedido está sendo adequadamente usado. A personalidade jurídica passa a ser considerada doutrinariamente um direito relativo, permitindo ao juiz penetrar o véu da personalidade para coibir os abusos ou condenar a fraude através do seu uso.[16]

[14] OLIVEIRA, J. Lamartine Corrêa de. A dupla crise da pessoa jurídica. São Paulo: Saraiva, 1979, p. 608.

[15] REQUIÃO, Rubens. Curso de Direito Comercial. 27ª ed. São Paulo: Saraiva, 2007. P. 392.

[16] REQUIÃO, Rubens. Abuso de direito e fraude através da personalidade jurídica (disegrad doctrine)". Revista dos Tribunais. São Paulo, RT, 1969, n. 410, p. 15.

Ainda que o tema tenha se desenvolvido e ganhado maior amplitude, sobretudo na doutrina alemã, que cataloga outros tipos de desconsideração (atributiva, em sentido inverso, em benefício do sócio e para fins de responsabilidade),[17] sua função permanece inalterada: suprimir, em determinados contextos, o privilégio da limitação da responsabilidade daqueles que cometem abusos ou fraudes. É como explica Sergio Campinho, para quem a "'*disregard doutrine*' representa uma salvaguarda dos interesses de terceiros contra fraudes e abuso praticados por via da utilização indevida da autonomia de personalidade da sociedade em relação à de seus sócios."[18] Segundo Campinho, "sua aplicação exige do magistrado imprescindível zelo e parcimônia, de modo a não vulgarizar sua utilização nos casos concretos que se apresentem".[19]

Como regra, portanto, é necessário respeitar-se no Direito brasileiro os limites da autonomia patrimonial das sociedades, aplicando-se a exceção a tal regra (a desconsideração da personalidade jurídica) tão somente nos casos especificamente previstos em lei, "sob pena de impor a destruição do instituto da pessoa jurídica".[20]

Nas relações civis e empresariais em geral, o legislador adotou a teoria maior da desconsideração, que exige a demonstração da ocorrência de certos elementos objetivos, previstos no caput do art. 50 do Código Civil de 2002, para que seja possível a desconsideração da personalidade jurídica de determinada sociedade. Tal dispositivo foi recentemente alterado pela

[17] SALOMÃO FILHO, Calixto. O novo direito societário. 4ª ed. São Paulo: Malheiros, 2001, p. 244-251.

[18] CAMPINHO, Sérgio. O Direito de Empresa, 10ª ed. Rio de Janeiro: Renovar, 2009. p.82

[19] CAMPINHO, Sérgio. O Direito de Empresa, 10ª ed. Rio de Janeiro: Renovar, 2009. p.82

[20] Idem.

Lei da Liberdade Econômica, de modo a afastar por completo a possibilidade de que uma sociedade responda pelas dívidas de outra somente pelo fato de ambas pertencerem ao mesmo grupo econômico:

> Art. 50. Em caso de abuso da personalidade jurídica, caracterizado pelo desvio de finalidade ou pela confusão patrimonial, pode o juiz, a requerimento da parte, ou do Ministério Público quando lhe couber intervir no processo, desconsiderá-la para que os efeitos de certas e determinadas relações de obrigações sejam estendidos aos bens particulares de administradores ou de sócios da pessoa jurídica beneficiados direta ou indiretamente pelo abuso.
> (...)
> § 4º A mera existência de grupo econômico sem a presença dos requisitos de que trata o caput deste artigo não autoriza a desconsideração da personalidade da pessoa jurídica.

A alteração legislativa promovida pela Lei da Liberdade Econômica apenas consolida o entendimento há muito sedimentado pelo Superior Tribunal de Justiça no sentido de que "[o] mero fato de pessoas jurídicas pertencerem a um mesmo grupo econômico não enseja, por si só, a responsabilidade solidária dessas entidades",[21] sendo necessária a comprovação da ocorrência de abuso da personalidade jurídica ou demonstração de confusão patrimonial, a qual se caracteriza pela "inexistência, no campo dos fatos, de separação patrimonial entre o patrimônio da pessoa jurídica e dos sócios ou, ainda, dos haveres de diversas pessoas jurídicas".[22]

[21] STJ – Agravo Regimental no Agravo em Recurso Especial n. 549.850/RS, Rel. Ministro Napoleão Nunes Maia Filho, Primeira Turma, julgado em 08/05/2018, DJe 15/05/2018.

[22] STJ – Agravo no Recurso Especial n. 1337956/SP, Rel. Ministro Raul Araújo, Quarta Turma, julgado em 15/12/2016, DJe 07/02/2017.

Ainda que os elementos autorizadores da desconsideração da personalidade jurídica sejam verificados, é preciso ter-se sempre em mente a finalidade precípua do instituto: a salvaguarda dos interesses dos credores.[23] Seria por demais absurdo imaginar-se que o sócio controlador de um grupo de sociedades poderia valer-se da desconsideração da personalidade jurídica não somente em benefício próprio, mas em prejuízo de seus credores. A finalidade do instituto, como dito acima, é preservar os interesses de credores potencialmente prejudicados pela adoção, por parte de seus devedores, de expedientes ilegais e fraudulentos, jamais prejudicá-los ainda mais.

Assim, não nos parece possível que, quando do ajuizamento do pedido de recuperação judicial, o grupo de sociedades, invocando abusos e ilegalidades que ele próprio tenha cometido, pretenda impor a seus credores – e em benefício próprio e de seu controlador – uma desconsideração da personalidade jurídica à fórceps como se tal fosse seu direito. Não é!

Tal expediente seria contrário aos mais comezinhos princípios do Direito, inclusive o princípio segundo o qual a ninguém é dado se beneficiar da própria torpeza (*nemo auditor propriam turpitudinem allegans*).

Retomando a analogia à história do herói medieval Robin Hood, seria como se o Príncipe dos Ladrões estivesse agora tentando convencer o nobre xerife de que, dada sua qualidade confessa de fora-da-lei, ele teria um suposto "direito" de espoliar os cidadãos abastados da Velha Inglaterra.

Como se verá nos próximos tópicos, o entendimento ora manifestado de que o devedor não tem o direito de impor a consolidação substancial aos seus credores não nos parece impedir que o juiz possa, em certos casos excepcionalíssimos,

[23] MUNHOZ, Eduardo S. Desconsideração da Personalidade Jurídica e Grupos de Sociedade. RDM, n. 134, p. 25-47, 2004.

determinar a desconsideração da personalidade jurídica do grupo devedor na recuperação judicial, em *benefício* de todos os credores.

3. Litisconsórcio Ativo na Recuperação Judicial

A ausência de disposição específica no Direito brasileiro prevendo a recuperação judicial de grupos societários e o fato de que, como explicado alhures, estes não possuem personalidade jurídica própria – carecendo, portanto, de legitimidade ativa para a proposição da ação de recuperação judicial – fez com que certos devedores, impulsionados pela força da necessidade, inovassem na ordem jurídica e ajuizassem recuperações judiciais em litisconsórcio ativo, agregando todos os membros do grupo (ou uma parte deles) nos autos de um mesmo processo de recuperação judicial – é o que se convencionou chamar de "consolidação processual" da recuperação judicial.[24]

O litisconsórcio é conceituado pela doutrina como sendo um "fenômeno de pluralidade de pessoas em um só ou em ambos os polos conflitantes da relação jurídica processual – isto é, ele constitui fenômeno de pluralidade de sujeitos parciais principais do processo".[25] Dentre as hipóteses de litisconsórcio previstas no atual CPC, a hipótese em comento, de consolidação processual, poderia, em tese, encontrar respaldo na previsão dos incisos I, II e III, do art. 113 do diploma.[26]

[24] Abrão, Carlos, Henrique. Andrighi, Fátima Nancy. Beneti, Sidnei. 10 anos de vigência da Lei de Recuperação e Falência. Ed. Saraiva, 2015, pp. 162-169.

[25] Cintra, Antonio Carlos de Araújo. Grinover, Ada Pellegrini. Dinamarco, Cândido Rangel. Teoria Geral do Processo. São Paulo, Ed. Malheiros Editores, 2014, pp. 368/369.

[26] Art. 113 – Duas ou mais pessoas podem litigar, no mesmo processo, em conjunto, ativa ou passivamente, quando:
I – Entre elas houver comunhão de direitos ou de obrigações relativamente à lide;
II – Entre as causas houver conexão pelo pedido ou pela causa de pedir;
III – Ocorrer afinidade de questões por ponto comum de fato ou de direito.

Na prática, porém, a discussão raramente se aprofunda em tal aspecto técnico. A partir da análise empírica de diversos processos de recuperação judicial, os professores Sheila Neder e Francisco Satiro, em artigo especializado, descrevem que "muito embora se tenha autorizado a consolidação processual em 32 processos, apenas em nove deles há expressa análise sobre a admissibilidade do litisconsórcio ativo".[27] Na grande maioria dos casos, segundo os professores, a consolidação processual é autorizada "como consequência simples e automática da declaração de vinculação das requerentes". [28]-[29]

[27] Cerezetti, S.C. Neder; Souza Júnior, Francisco Satiro de. A silenciosa "consolidação" da consolidação substancial. Revista do Advogado, São Paulo, v. 36, n. 131, 2016, p. 220.

[28] Idem.

[29] Um exemplo em que a questão foi analisada se deu na recuperação judicial da OAS. S.A. e outras, na qual o e. TJSP admitiu o litisconsórcio ativo nos seguintes termos: "(...) O litisconsórcio ativo também está bem justificado, na medida em que todas as empresas atuam de forma sistêmica e integram um mesmo grupo econômico. Nesse sentido, a preservação dos benefícios sociais e econômicos decorrentes da atividade empresarial saudável (que é o objetivo do presente processo), será melhor atendida se enfrentada a situação de crise de maneira global, considerando as empresas integrantes do grupo econômico, e não isoladamente. A questão relacionada à incorporação da OAS Investimentos pela OAS S/A (que é objeto de discussão judicial em andamento) é irrelevante para os fins do presente procedimento, na medida em que tanto o patrimônio, quanto o passivo de ambas estão sujeitos ao processo de recuperação judicial. Confirmando-se ou não a incorporação, o fato é que os credores de ambas estarão sujeitos à recuperação judicial do grupo econômico e o patrimônio de ambas estará integralmente sujeito ao cumprimento dos objetivos do presente feito. Assim, pelo exposto, nos termos do art. 52 da Lei 11.101/2005, DEFIRO o processamento da recuperação judicial das empresas (...)" TJSP, Recuperação Judicial nº 1030812-77.2015.8.26.0100, 1ª Vara de Falências e Recuperações Judiciais do Foro Central Cível do Estado de São Paulo, Exmo. Dr. Juiz de Direito Daniel Cárnio Costa, em 1/4/2015. A decisão foi objeto de diversos recursos de agravo de instrumento interpostos pelos credores da OAS S.A. e outras, mas o Exmo. Des. Rel. Carlos Alberto Garbi manteve a decisão de 1ª instância "(...) Recuperação judicial. Litisconsórcio ativo. Dez empresas do mesmo grupo

Um dos efeitos deletérios da aceitação do litisconsórcio ativo é a prática censurável adotada por alguns grupos societários conhecida por "cherry picking". Por se tratar o litisconsórcio em questão de meramente facultativo, o expediente consiste na escolha pelo controlador de apenas algumas sociedades do grupo para integrar o processo de recuperação judicial. Ao sabor da conveniência do controlador, as sociedades mais saudáveis do grupo são deixadas de fora do concurso, enquanto aquelas mais endividadas, que deveriam ter o destino inexorável da falência, são incluídas no polo ativo da recuperação judicial de sociedades recuperáveis.

empresarial que integram o polo ativo do pedido. Omissão na Lei nº 11.101/2005. Previsão de aplicação subsidiária do CPC. Litisconsórcio ativo na recuperação judicial. Doutrina omissa. Jurisprudência nacional escassa. Admissibilidade, todavia, no Tribunal. Tendência de sedimentação da questão nas Câmaras Especializadas de Direito Empresarial do Tribunal. Recuperação judicial. Litisconsórcio ativo facultativo (art. 46, inc. I, do CPC). Comunhão de interesses e obrigações entre as agravadas. Reconhecimento no caso. Agravadas integram grupo econômico de fato. Setor da construção civil do grupo empresarial. A integração das empresas agravadas num mesmo grupo empresarial, de forte atuação na área de infraestrutura do país, certamente foi considerada como fator relevante pelos credores nos contratos por eles celebrados, inclusive naqueles envolvendo a concessão de créditos, como é o caso do recorrente. Empresas que têm a finalidade social em comum. Identidade de endereço. Negócios vinculados. Celebração de contratos com garantias cruzadas. Interligação subjetiva e negocial. Caracterização. Litisconsórcio ativo. Divisão de massas. Empresas entrelaçadas. Massa única. Possibilidade. Contudo, o plano de recuperação judicial foi apresentado, mas ainda não foi objeto de deliberação. Não se tem conhecimento da opção eleita pelas agravadas. Incorporação da coagravada OAS Investimentos S/A pela coagravada OAS S/A. Impugnação. Questão levantada em ação autônoma, sem decisão definitiva. Questão, ademais, que ficou prejudicada pela admissibilidade do litisconsórcio ativo e da apresentação de plano único.." (TJSP, Agravo de Instrumento nº 2094959-07.2015.8.26.0000, 2ª Câmara Reservada de Direito Empresarial, Exmo. Rel. Des. Carlos Alberto Garbi, julgamento em 5/10/2015.)

Nesse jogo censurável, os indicadores financeiros e patrimoniais do grupo podem ser facilmente manipulados pelo controlador, de modo a justificar a necessidade de imposição de deságios mais expressivos contra os credores das sociedades mais saudáveis, desalavancando o balanço patrimonial do grupo e gerando (ou melhor, usurpando) valor para seus acionistas.

Admitida a possibilidade de litisconsórcio na recuperação judicial, outras dúvidas naturalmente surgem: o processamento das recuperações judiciais se dará nos mesmos autos? Haverá a apresentação de uma só lista de credores e um só plano de recuperação judicial? Em caso positivo, como se dará a votação deste plano pelos credores?

A resposta à primeira pergunta parece ser mais intuitiva: está previsto na própria letra do art. 113 do CPC que o litisconsórcio permite às pessoas que litiguem "no mesmo processo", o que autorizaria que a recuperação judicial de todas as sociedades do grupo se processasse nos mesmos autos. Mas por se tratar de litisconsórcio facultativo, como já dito, nada impede que questões organizacionais levem o administrador judicial a recomendar, e o juízo da recuperação judicial a determinar, que as recuperações judiciais sejam processadas em autos distintos.

Com relação à apresentação da lista de credores e do plano de recuperação judicial, a questão ganha contornos mais complexos. Ainda que o litisconsórcio (ou consolidação processual), por si só, não traga maiores prejuízos aos credores, tal expediente inofensivo carrega em si o potencial de subverter de forma gravíssima as relações bilaterais entre credores e devedores, pervertendo as legítimas expectativas de recuperação de crédito dos credores. Isso porque, como demonstram Neder e Satiro, "o simples deferimento do processamento em litisconsórcio (...) direciona o procedimento à consolidação substancial, com a aceitação de que uma recuperanda [responda] pelas dívidas de outra, em violação à autonomia patrimonial dos entes personalizados".[30]

Sem maiores considerações sobre o assunto, e, em geral, por inércia dos envolvidos, as consequências da consolidação substancial "se solidificam aos poucos ao longo do decorrer do processo, sem que as partes afetadas se deem conta antes de ser tarde demais".[31] De acordo com os ilustres professores, com a aceitação do litisconsórcio ativo, a consolidação substancial acaba por se tornar uma mera consequência natural, um fluxo inevitável, fruto da lei do menor esforço que contamina os participantes da recuperação judicial.[32]

Isso se dá, principalmente, por meio da apresentação pelo devedor de listas de credores consolidadas (confirmadas, num segundo momento, pelo próprio administrador judicial) e de um plano de recuperação judicial unitário, sem que haja oposição de quem quer que seja:

> "[A] partir do deferimento da consolidação processual (litisconsórcio ativo), a consideração dos interesses dos credores (e seus conflitos), o tratamento separado dos créditos contra cada devedora, a conciliação dos bens e fluxo de caixa em comparação com suas relações de crédito, a divisão das atividades econômicas, e mesmo a realização de atos processuais (como assembleia geral de credores e tratamento de objeções, por exemplo) demandam muito mais custos, trabalho e atenção do que a simples consolidação substancial".[33]

Dos casos analisados pelos professores Neder e Satiro, somente na recuperação judicial do Grupo Schahin, o "admi-

[30] Op.cit, p.222.
[31] Idem.
[32] Idem.
[33] Idem.

nistrador judicial apresentou voluntariamente lista de credores individualizada segundo o passivo de cada recuperanda, providência imprescindível para que a autonomia patrimonial das autoras fosse respeitada".[34] De fato, a individualização da lista de credores por sociedade devedora é medida essencial para que os credores tenham a exata dimensão do endividamento das sociedades. Somente assim, podem avaliar de maneira informada suas opções e decidir fundamentadamente seu voto. O direito à informação e fiscalização é um direito essencial do credor na recuperação judicial, não devendo jamais ser sonegado, sobretudo pelo administrador judicial, a quem a lei impõe o dever de fiscalizar as atividades do devedor e fornecer, com presteza, todas as informações pedidas pelos credores interessados (art. 22 da Lei 11.101/05).

Dessa forma, a consolidação substancial, em muitos casos, torna-se a consequência malfazeja da falta de cuidado ou indolência daqueles encarregados de zelar pelo bom andamento da recuperação judicial, aí incluídos o administrador judicial, o Ministério Público, os credores, além do próprio juízo que processa o feito.

Em alguns casos, porém, credores diligentes se insurgiram contra o expediente *robinhoodiano* dos devedores, e os tribunais foram obrigados a se pronunciar sobre o assunto. É o que será analisado no próximo tópico.

4. A Consolidação Substancial no Brasil

A chamada consolidação substancial tem origem na prática de insolvência estadunidense, onde se desenvolveu a partir de precedentes. A lei não trata especificamente da questão, limitando-se a, genericamente, outorgar à corte de falências o poder de "proferir qualquer ordem, processo ou julgamento que seja necessário

[34] Op.cit., p. 220.

ou apropriado para implementar as disposições desta lei" ("*issue any order, process, or judgment that is necessary or appropriate to carry out the provisions of this [law]*"). A partir desta previsão genérica, o instituto foi sendo moldado pela prática, até adquirir dimensões mais ou menos definidas. Michael Greber dá a seguinte descrição da consolidação substancial nos Estados Unidos:

> Consolidação substancial é o mecanismo criado judicialmente por meio do qual entidades afiliadas, apesar de juridicamente segregadas, são tratadas como se correspondessem a uma única entidade econômica. Como regra, quando a consolidação substancial é determinada, os ativos de tais entidades afiliadas são agrupados, obrigações interentidade são extinguidas, e o acervo comum de ativos resultante fica sujeito aos créditos dos credores das entidades consolidadas.[35]

Na prática falimentar estadunidense, para que seja deferida a consolidação substancial, dois testes estabelecidos no precedente conhecido por "*Augie/Restivo*" devem ser avaliados pelo magistrado: (i) os credores contrataram com as sociedades como se fossem uma única entidade, não se fiando em suas autonomias?; e (ii) os negócios do devedor são tão irremediavelmente entrelaçados que a consolidação beneficiaria a todos os credores do devedor?[36]

[35] Em tradução livre: "Substantive consolidation is the judicially crafted mechanism by which affiliated entities, though legally separate, are treated as if they comprise a single economic unit. As a general rule, when substantive consolidation is ordered, assets of such related entities are pooled, interentity obligations are extinguished, and the resulting common pool of assets is subjected to the claims of creditors of the consolidated entities." GREBER, Michael A. Business Reorganizations, The University of Tennessee College of Law – Third Edition., p. 702 e ss.

[36] Idem.

Somente caso a resposta aos dois questionamentos acima seja positiva, pode o juízo falimentar determinar a consolidação substancial. Neste ponto, é de se notar que os testes foram inteligentemente elaborados de modo a fornecer ao juiz critérios bem definidos para avaliar a necessidade de se determinar a consolidação substancial no processo, mas ao mesmo tempo garantir que o interesse dos credores será sempre respeitado. É o que se percebe tanto da deferência à forma como os credores contataram com os devedores no primeiro teste (i.e., se os credores se fiaram ou não na autonomia patrimonial das sociedades quando lhes estenderam crédito), quanto da parte final do segundo teste, onde há a exigência de que a consolidação seja benéfica a *todos* os credores do processo falimentar. Se a consolidação não for benéfica a todos, mas somente àqueles escolhidos pelos devedores, dará azo aos conflitos entre credores já abordados mais acima e permitirá a manipulação da votação do plano de recuperação judicial.

Seja como for, a consolidação substancial nos Estados Unidos não é imune a críticas, sobretudo caso não seja relegada à sua posição de exceção. De acordo com o eminente juiz Posner, "caso a consolidação se torne rotina, o conceito de responsabilidade limitada será perdido e com ele a inclinação dos investidores a investirem".[37]

A consolidação substancial também não tem previsão legal no Brasil, mas vem sendo admitida pelos tribunais em determinadas situações. Face à ausência de regramento positivo, a insegurança jurídica que orbita o instituto é enorme, especialmente porque, até a presente data, não foram definidos, de forma minimamente consistente, nem os critérios nem a forma pela qual a consolidação substancial pode ou deve ser ordenada em uma

[37] Em tradução livre: "If consolidation becomes routine, the concept of limited liability will be forfeited and with it the incilination of investors to invest", GREBER, Michael, op. cit., p. 702.

recuperação judicial.[38] Não é de se causar espanto, afinal, tentar importar, sem a necessária inovação legislativa, um instituto originário do direito estadunidense para a prática forense brasileira não é tarefa fácil, sobretudo para nossos tribunais, tão pouco familiarizados que são, por razões históricas óbvias, com a mecânica de precedentes que molda há séculos o direito consuetudinário.

No Brasil, a consolidação substancial somente começou a ser mais amplamente compreendida e debatida no processo de recuperação judicial do Grupo OGX,[39] ajuizado ainda em 2013 perante o Tribunal de Justiça do Rio de Janeiro – e, até então, a maior recuperação judicial da história da América Latina.[40] Naquele processo, acolhendo a assertiva manifestação do *parquet*,[41] o Juízo que processava o feito determinou, na ocasião do deferimento da recuperação judicial, que as sociedades

[38] ALMEIDA, Amador Paes de. Curso de Falência e Recuperação de Empresa. Ed. Saraiva, 2012, pp. 39 e 318-320.

[39] Recuperação Judicial nº 0377620- 56.2013.8.19.0001, que tramitou perante a 4ª Vara Empresarial do TJRJ e encontra-se encerrada.

[40] BEZERRA FILHO, Manoel Justino. Lei de Recuperação de Empresas e Falência. Ed. Revista dos Tribunais, 2014, pp. 143.

[41] O Ministério Público do Estado do Rio de Janeiro apresentou parecer detalhado na recuperação judicial da OGX analisando a questão da consolidação substancial nos seguintes termos: "No caso, é suficiente para embasar a decisão de deferimento do processamento das duas sociedades nacionais o fato de que a OGX PARTICIPAÇÕES é holding controladora e co-devedora da OGX PETRÓLEO E GAS em relação a praticamente todo o passivo, bem como quase não possui "passivo próprio", dada à sua condição de holding "pura". No entanto, é bom que se frise que o Ministério Público entende que é possível o processamento em conjunto, mas não único, ou seja, cada uma das recuperandas deverá apresentar seu próprio plano de recuperação judicial, mesmo que sejam idênticos ou interdependentes, e que eles sejam analisados separadamente por seus respectivos credores. Deveremos, portanto, redobrar a atenção para respeitar a autonomia patrimonial de cada sociedade e, consequentemente, entendemos que deverão ser publicados quadros gerais de credores distintos para cada universo nuclear empresarial em recuperação". Recuperação Judicial

deveriam apresentar planos de recuperação judicial individualizados, que seriam votados por credores em assembleias prestigiando-se a autonomia patrimonial de cada uma das sociedades integrantes do grupo econômico. Tal decisão prevaleceu após a interposição de vários recursos, e os planos de recuperação judicial foram individualmente aprovados pelos credores de todas as sociedades (e, posteriormente, confirmados pelo Judiciário).[42]

O caso OGX foi uma exceção. Contemporânea à recuperação judicial da OGX, a recuperação judicial da Rede Energia, processada pelo Tribunal de Justiça de São Paulo, foi um exemplo de como os credores podem ser lesados pela consolidação substancial. Naquele caso, os ativos e passivos das 5 (cinco) sociedades que fizeram o pedido de recuperação judicial foram consolidados pelos devedores. Dessas sociedades, apenas uma (a Rede Energia S.A.) detinha ativos relevantes, enquanto as outras estavam naufragadas em dívidas impagáveis. Com a consolidação substancial, os credores da Rede Energia S.A. foram forçados a partilhar sua devedora (e seus ativos) com credores de outras sociedades com dívidas gigantescas e que não tinham nenhuma (ou quase nenhuma) expectativa de retorno sobre seus créditos. Esses credores, que receberam o que não deveriam ter recebido, garantiram a aprovação do plano, fazendo com que os credores da Rede Energia S.A. recebessem muito aquém do que esperavam receber se a autonomia patrimonial da sociedade tivesse sido respeitada. Passados vários anos, a discussão do caso Rede

nº 0377620- 56.2013.8.19.0001, que tramitou perante a 4ª Vara Empresarial do TJRJ e encontra-se encerrada.

[42] Frise-se que, na prática, os planos de recuperação judicial das diversas sociedades do Grupo OGX eram essencialmente iguais em conteúdo, com apenas algumas adaptações necessárias, e, por questões práticas, as assembleias foram realizadas no mesmo dia, no mesmo local, uma em sequência à outra, sendo certo que somente os credores da sociedade cujo plano estava sob escrutínio puderam votar na sua respectiva assembleia.

Energia ainda se arrasta no Judiciário, com recursos contra a homologação do plano de recuperação judicial pendentes de julgamento perante o Superior Tribunal de Justiça e o Supremo Tribunal Federal, que jamais se posicionaram sobre a questão.

Malgrado o trauma do caso Rede Energia, o entendimento que, até o momento, vem prevalecendo no Tribunal de Justiça de São Paulo é o de que consolidação processual, consolidação substancial e votação do plano de forma consolidada são temas manifestamente distintos. De forma muito coerente, o Tribunal já se posicionou no sentido de que "o deferimento do litisconsórcio ativo na recuperação judicial não implica automaticamente autorização para apresentação de plano recuperacional único pelas devedoras" e que "a determinação de apresentação e votação de planos separados, ao menos em um primeiro momento, é a solução mais adequada".[43]

Além disso, o Tribunal paulista já denunciou o expediente adotado por devedores de se valerem da consolidação substancial para influenciar a assembleia de credores por meio da manipulação dos *quora* de aprovação do plano. Transcreve-se, abaixo, trecho bastante instrutivo do julgado:

> Deve-se também ter em mente não ser [o princípio da preservação da empresa] absoluto, não autorizando, ante sua mera enunciação, restrição ilimitada ao direito dos credores, inclusive com graves distorções como as que podem ocorrer mediante desconsideração de sua situação frente às empresas devedoras individualmente consideradas, com diluição do peso de suas participações na composição dos quóruns de votação e o comprometimento da legitimidade das deliberações assembleares.[44]

[43] TJSP – Agravo de Instrumento nº 2123667-67, 2015, Rel. Des. Fabio Tabosa, j. 16/11/2015.

[44] TJSP – Agravo Regimental nº. 2117110-30.2016.8.26.0000. Além disso, no Agravo de Instrumento nº. 2123667-67.2015.8.26.0000 – citado pelo precedente

Como se vê, o entendimento encampado pelo Tribunal paulista é o de que a regra deve ser a preservação das autonomias patrimoniais das sociedades devedoras e votação do plano de forma separada, em assembleias nas quais cada credor somente será autorizado a votar a favor ou contra o plano de recuperação judicial do seu respectivo devedor, ainda que tais votações ocorram concomitantemente, como aconteceu no caso do grupo OGX. Novamente, são precisas as lições da professora Cerezetti:

> [A] votação do plano, ainda que programada para ocorrer em assembleias convocadas para a mesma data, é feita de forma separada e em respeito à separação jurídica existente entre as sociedades do grupo. Os credores de cada devedora se reunirão e, em observância às classes e aos quóruns previstos na LRE, deliberarão sobre o plano. O resultado do conclave será, portanto, apurado com relação a cada uma das devedoras.[45]

Além do Tribunal de Justiça de São Paulo, é de se notar que a mesma orientação foi adotada na recuperação judicial do Grupo Oi,[46] a segunda maior recuperação judicial da América Latina (superada apenas pela recuperação judicial do grupo Odebrecht), que, por sua relevância, constitui importante precedente

acima analisado –, também de relatoria do Des. Fabio Tabosa, o TJSP asseverou o seguinte: "a elaboração de plano de recuperação judicial único, justamente por propiciar confusão patrimonial entre as recuperandas e diluir o poder de voto dos credores, sujeitando-os a deliberações tomadas pelo universo de credores das agravadas independentemente de qual era efetivamente a devedora originária, não deve em princípio ser aceita pelo Poder Judiciário, somente podendo ser deferida se aprovada pelos credores próprios de cada uma das recuperandas".

[45] Cerezetti, Sheila C. Neder, Grupos de sociedades e recuperação judicial: o indispensável encontro entre Direitos Societário, Processual e Concursal, in Processo Societário II – Flávio Luiz Yarshell e Guilherme Setoguti J. Pereira coord., São Paulo,Quartier Latin, 2015 , p. 763)

[46] Recuperação Judicial nº 0203711-65.2016.8.19.0001, em trâmite perante a 7ª Vara Empresarial do Rio de Janeiro.

na matéria. A solução para a AGC do Grupo Oi foi possível, porque o Tribunal de Justiça do Rio de Janeiro decidiu que a consolidação compulsória dos patrimônios dos devedores "não é a regra e se contrapõe à consolidação substancial voluntária, que se sujeita à aprovação dos credores em homenagem à soberania de suas decisões". Assim, caberia aos credores "deliberar sobre o interesse e aceitação do uso de plano unitário do grupo ou de planos individuais por empresa como estratégia das recuperandas para soerguimento do empreendimento econômico, aprovando voluntariamente a consolidação substancial ou rejeitando-a."[47]

[47] "As recuperandas formam litisconsórcio ativo na ação em questão, meio pelo qual o processamento da recuperação judicial das sociedades do grupo Oi se dá em conjunto por mera conveniência processual, através do que se denomina consolidação processual. Tal processamento conjunto não afeta a autonomia patrimonial das sociedades recuperandas, que conservam suas personalidades jurídicas distintas. Por outro lado, a consolidação substancial (ou material) pressupõe a confusão patrimonial das empresas em recuperação que compõem o grupo empresarial, o que justificaria, em tese, a unificação de passivo e ativo das entidades e o afastamento da autonomia patrimonial e independência das companhias, com apresentação de plano unitário de recuperação. Sendo, pois, instrumentos com finalidades diversas, a consolidação processual não enseja automaticamente a consolidação substancial na recuperação de grupos. Ao revés, a consolidação material é medida excepcional já que afasta a regra da conservação da personalidade jurídica e da autonomia patrimonial das empresas, não prescindindo de comprovação da identidade substancial entre as sociedades, da confusão patrimonial e da extrema necessidade da medida. No caso, trata-se de recurso contrário à consolidação substancial das recuperandas, uma vez que a decisão judicial atacada não afastou a forma consolidada do plano de recuperação apresentado pelo grupo em recuperação, decidindo por seu cabimento. A adoção da medida através de análise judicial enseja a chamada consolidação substancial de natureza obrigatória (ou forçada). Essa modalidade, entretanto, não é a regra e se contrapõe à consolidação substancial voluntária, que se sujeita à aprovação dos credores em homenagem à soberania de suas decisões. Ordinariamente, cabe a eles deliberar sobre o interesse e aceitação do uso de plano unitário do grupo ou de planos individuais por empresa como estratégia das recuperandas para soerguimento do empreendimento econômico,

De fato, não se pode confundir um "plano conjunto" – apresentado aos credores de todas as sociedades ao mesmo tempo e, até mesmo, no mesmo documento, mas com premissas de recuperação e pagamento próprias a cada sociedade – com "plano unitário", que consolida o patrimônio dos devedores e causa absoluta e indevida confusão patrimonial entre eles, com o potencial de subverter o processo de votação. Esse também é o entendimento dos professores Satiro e Cerezetti:

> Isto demonstra que, mesmo em casos de litisconsórcio ativo, o comportamento padrão deve ser o tratamento, individualizado por devedora, dos credores, bens e planos de recuperação. A não ser que se tenha decidido, em assembleias separadas ou por decisão judicial, que a autonomia patrimonial das autoras deve ser superada no caso concreto – isto é, que a consolidação substancial deve ser aplicada – a separação de informações e de organização dos credores para a tomada de decisão há que se impor.[48]

Com a proliferação de decisões judiciais que abordam a questão da consolidação substancial, a doutrina passou a diferenciar duas hipóteses de consolidação: consolidação obrigatória e voluntária. No campo da consolidação voluntária, estaria a hipótese acima narrada, em que os próprios credores teriam

aprovando voluntariamente a consolidação substancial ou rejeitando-a. Não comporta, a priori, interferir materialmente sobre o tema diante da ausência de previsão legal específica sobre o instituto e da autonomia soberana dos credores em relação plano de recuperação judicial proposto pelas recuperandas, competindo ao Judiciário, por via de regra, somente o controle relativo à licitude das providências deliberadas. Em sede de cognição sumária, na ausência de elementos concretos de que houve negociação com os credores e de que estes são favoráveis ao plano unitário, depreendo que deve ser promovida a votação da consolidação substancial de esferas societárias do Grupo Oi, como questão de ordem na Assembleia Geral dos Credores – AGC."

[48] Op.cit., 221.

a faculdade de decidir, em assembleia, pela consolidação dos devedores, sendo certo que a decisão deveria ser tomada individualmente pelos credores de cada sociedade recuperanda. Por sua vez, a consolidação obrigatória seria aquela determinada pelo juízo da recuperação judicial em certas situações excepcionais, observados os requisitos ordinários da legislação civil para a desconsideração da personalidade jurídica, já declinados alhures neste trabalho. Como exemplo de consolidação obrigatória, veja-se a ementa de decisão abaixo, proferida no caso Schahin:

> RECUPERAÇÃO JUDICIAL Insurgência contra decisão que determinou que a Assembleia Geral de Credores deveria ser única, com votação de um plano único por quadro de credores consolidado e sem distinção entre os credores da mesma classe, ainda que titulares de créditos em face de pessoas jurídicas distintas e integrantes do mesmo grupo, sob o argumento de que se tratava de litisconsórcio necessário das sociedades integrantes do Grupo Schahin, vez que as sociedades possuem participação recíproca, que as relações jurídicas contraídas com terceiros pelas sociedades foi em grande parte garantida pelas outras pessoas jurídicas do mesmo grupo, que os bens contratados pelas sociedades beneficiavam outras sociedades do grupo, que havia um caixa único e comum a todas as referidas empresas, que se beneficiaram da sociedade operacional. Em suma, há um único contrato existente em que todas as demais sociedades do grupo gravitam sobre ele. [...] Nessa hipótese, há confusão patrimonial em sua atuação conjunta e as diversas pessoas jurídicas do grupo exercem "suas atividades sob unidade gerencial, laboral e patrimonial" (STJ, ROMS 14168/SP, rel. Min. Nancy Andrighi). Desse modo, a Assembleia Geral de Credores deve ser única, com votação de um plano único por quadro de credores consolidado e sem distinção entre os credores da mesma classe, ainda que titulares de créditos em face de pessoas jurídicas distintas e integrantes

do mesmo grupo. Confirmação da decisão agravada Evidência de caixa único nas operações empresariais – Recurso improvido.[49]

Na recuperação judicial do grupo Urbplan, o Juízo da 1ª Vara de Falências e Recuperações Judiciais de São Paulo consignou seu entendimento de que, existindo confusão patrimonial entre duas sociedades de um mesmo grupo econômico, o que poderia levar à desconsideração da personalidade jurídica por qualquer credor com base nos elementos previstos no art. 50 do Código Civil, caso uma dessas sociedade "ajuiz[e] recuperação judicial, também terá o direito de impor aos credores a consolidação substancial".[50]

Naquela decisão, o Juízo estabeleceu os seguintes elementos a serem sopesados para que a consolidação substantiva obrigatória pudesse ser imposta aos devedores na recuperação judicial:

a) interconexão das empresas do grupo econômico;
b) existência de garantias cruzadas entre as empresas do grupo econômico;
c) confusão de patrimônio e de responsabilidade entre as empresas do grupo econômico;
d) atuação conjunta das empresas integrantes do grupo econômico no mercado;
e) existência de coincidência de diretores;
f) existência de coincidência de composição societária;
g) relação de controle e/ou dependência entre as empresas integrantes do grupo econômico; e

[49] Recuperação Judicial nº 1037133-31.2015.8.26.0100, em trâmite perante a 2ª Vara de Falências e Recuperações Judiciais do TJSP (convertida em falência em 2018).

[50] Recuperação judicial nº. 1041383-05.2018.8.26.0100, em trâmite perante a 1ª Vara de Falências e Recuperações Judiciais do TJSP.

h) existência de desvio de ativos através de empresas integrantes do grupo econômico.

Além desses requisitos, o Juízo também apontou ser necessário "que os benefícios sociais e econômicos da recuperação judicial processada em consolidação substancial justifiquem a sua aplicação". Esses benefícios se revelariam por meio da "preservação da empresa", o que equivaleria à preservação de empregos, riquezas, produtos, serviços, etc.[51]

Mais recentemente, na recuperação judicial do grupo Odebrecht, o Juízo da 1ª Vara de Falências e Recuperações Judiciais de São Paulo antecipou a discussão sobre a consolidação substancial ao determinar, já na decisão que autorizou o processamento do feito, que "a consolidação [deveria] ser devidamente discriminada no plano de recuperação judicial a ser apresentado em momento oportuno". Após a apresentação de um "plano unitário" pelo grupo Odebrecht, sem muitas considerações a respeito dos elementos que autorizariam a consolidação substancial, a Caixa Econômica Federal apresentou petição acusado o grupo de tentar "impor, de forma sub-reptícia, a consolidação substancial aos credores", o que seria agravado pela fato de que os controladores teriam promovido "um recorte irregular e arbitrário das empresas", incluindo no processo todas as sociedades não operacionais, mas excluindo "empresas operacionais – mesmo aquelas que, à toda evidência, possuem estrita ligação com suas próprias holdings não operacionais".[52]

[51] Note-se que esses mesmos elementos foram reproduzidos pelo Juízo da 1ª Vara de Falências e Recuperações Judicias de São Paulo em outros processos de recuperação judicial, como o do Grupo Atvos (processo nº 1050977-09.2019.8.26.0100), Grupo Enfil (processo nº 1103381-71.2018.8.26.0100) e Grupo Italspeed (processo nº 1003801-36.2016.8.26.0101).

[52] Recuperação Judicial no. 1057756-77.2019.8.26.0100 em trâmite perante a 1ª Vara de Falências e Recuperações Judiciais do TJSP.

Em resposta, o grupo Odebrecht justificou a consolidação substancial em precedentes recentes proferidos pelo Tribunal de Justiça de São Paulo como, por exemplo, o acórdão proferido, em julho de 2019, na recuperação judicial do grupo Meflex, que assim dispôs:

> Com efeito, comprovada a existência de um grupo empresarial, caracterizadas, além da confusão patrimonial, a interconexão das empresas, a administração única, a utilização dos mesmos departamentos, mobiliários, máquinas e equipamentos, o entrelaçamento e a mistura de ativos, o caixa conjunto e a coincidência de sócios, mostra-se contraproducente a individualização dos planos, com votação, em separado, pelos credores de cada uma das devedoras. Como confessa a parte recorrente, há uma mistura de patrimônio, que não viabiliza solução individual para cada uma das devedoras, conduzindo, isso sim, a uma solução única e conjugada, superando uma simples consolidação processual.[53]

O entendimento encampado pelo Tribunal de Justiça de São Paulo no acórdão acima desconsidera por completo a estrutura de capital das sociedades e, no final das contas, acaba por permitir que o controlador do devedor se beneficie da própria torpeza, além de ser um claro e evidente estímulo para que haja baderna societária nos grupos empresariais. Se a consequência da falta de controles, do abuso da personalidade jurídica, da confusão patrimonial e da fraude é um prêmio para o controlador, por que não fazer?

Em nosso entendimento, a própria premissa de que por meio da consolidação substancial a preservação da empresa seria atingida parece equivocada. Tal entendimento desconsidera por

[53] Recuperação Judicial nº 1057756-77.2019.8.26.0100, em trâmite perante a 1ª Vara de Falências e Recuperações Judiciais do TJSP.

completo que uma solução que de fato preserve a empresa, assim entendida a atividade desenvolvida pelas sociedades do grupo, pode ser alcançada na falência, por meio da venda da empresa, na modalidade de falência continuada, para um terceiro mais hábil à gestão do que o controlador desonesto, que tenta se beneficiar das fraudes que ele próprio cometeu e, às barras do judiciário, busca abrigo para sua pretensão.

A Recuperação Judicial pressupõe uma supressão involuntária de patrimônio do credor. O único mecanismo estabelecido na lei para que o credor tenha algum tipo de controle sobre a adequação entre a viabilidade econômica da empresa e o esquema de pagamento proposto no plano chama-se "regra da maioria". É a regra da maioria que garante aos credores de cada uma das sociedades descontos em seus créditos e esquemas de pagamento compatíveis com os elementos descritos acima. Se a regra da maioria é corrompida, a única defesa do credor é suprimida e sobra o puro e simples confisco privado, escamoteado sob as vestes de processo legal.[54]

Em conclusão, não se nega nesse trabalho a possibilidade de que ocorra a chamada consolidação substancial obrigatória, que seria aquela imposta pelo juiz ao grupo devedor. O que se defende, porém, é que tal consolidação seja resultado de um processo crítico que leve em consideração os benefícios que tal imposição traria a todos os credores (e não somente alguns), que são os verdadeiros lesados pelos atos dos devedores e seus controladores em abuso da personalidade jurídica e desvio de finalidade. Além disso, comprovada a existência de malfeitos, como desvio de ativos entre as sociedades ou abuso da personalidade jurídica, é mister o afastamento da adminis-

[54] Aires, Antonio; Xavier, Celso e Fontana, Maria Isabel in "Recuperação Judicial e Falência do Grupo Econômico" in 10 Anos da Lei de Recuperação de Empresas e Falências – reflexões sobre a restruturação empresarial no Brasil, Elias, Luis Vasco, Editora Quartier Latin: São Paulo, 2015, p. 75

tração do devedor, conforme autorizado em lei, em dispositivo raramente utilizado, bem como a apuração de responsabilidades criminais.[55]

Conclusão

A falta de critérios claros e bem definidos na jurisprudência, e a sedimentação na prática forense de um expediente contrário ao princípio da autonomia patrimonial das pessoas jurídicas, sem muita consideração quanto aos efeitos deletérios que daí podem advir, impõem que o tema seja debatido e que soluções efetivas sejam propostas na academia, em benefício do parlamento e dos tribunais.

Como mencionado acima, trata-se de tema que gera enorme insegurança jurídica e que contrapõe interesses legítimos: de um lado, o grupo de sociedades em recuperação judicial, que muitas vezes apresenta sinergias de tal forma complexas e com-

[55] Art. 64. Durante o procedimento de recuperação judicial, o devedor ou seus administradores serão mantidos na condução da atividade empresarial, sob fiscalização do Comitê, se houver, e do administrador judicial, salvo se qualquer deles: I – houver sido condenado em sentença penal transitada em julgado por crime cometido em recuperação judicial ou falência anteriores ou por crime contra o patrimônio, a economia popular ou a ordem econômica previstos na legislação vigente; II – houver indícios veementes de ter cometido crime previsto nesta Lei; III – houver agido com dolo, simulação ou fraude contra os interesses de seus credores; IV – houver praticado qualquer das seguintes condutas: a) efetuar gastos pessoais manifestamente excessivos em relação a sua situação patrimonial; b) efetuar despesas injustificáveis por sua natureza ou vulto, em relação ao capital ou gênero do negócio, ao movimento das operações e a outras circunstâncias análogas; c) descapitalizar injustificadamente a empresa ou realizar operações prejudiciais ao seu funcionamento regular; d) simular ou omitir créditos ao apresentar a relação de que trata o inciso III do **caput** do art. 51 desta Lei, sem relevante razão de direito ou amparo de decisão judicial; V – negar-se a prestar informações solicitadas pelo administrador judicial ou pelos demais membros do Comitê; VI – tiver seu afastamento previsto no plano de recuperação judicial.

plementares que recomendam um tratamento unificado e coerente do passivo. De outro, os credores, que ao concederem crédito a determinada sociedade (e, portanto, ao precificarem o crédito) partem do princípio de que a autonomia da personalidade jurídica será respeitada pelo Judiciário brasileiro.

A mudança da regra no meio do jogo espanta credores e encarece o custo do crédito no Brasil, o que, na atual conjuntura econômica, é altamente indesejável. Além disso, até o momento, as cortes superiores ainda não se manifestaram quanto ao tema, o que fomenta a insegurança jurídica.

A questão também é objeto do Projeto de Lei de reforma da Lei 11.101/05 (projeto de Lei nº 10.220 de 2018), elaborado pelo Grupo de Trabalho formado pelo Ministério da Economia e apresentado como substitutivo à Câmara dos Deputados. O projeto atualmente vem sendo capitaneado no Congresso pelo Relator Deputado Hugo Leal.[56]

Com esse trabalho, pretende-se contribuir para a evolução da discussão, sobretudo ao categoricamente afastar-se a possível tendência do devedor de imposição da consolidação substancial contra credores, que, a bem da verdade, são os grandes prejudicados com o processo de recuperação judicial e de quem já exige a coletividade um enorme sacrifício.

[56] No que se relaciona ao tema deste trabalho, a redação do projeto propõe a inclusão na Lei 11.101 dos artigos 69-J a 69-O, que inauguram os conceitos de consolidação processual e substancial na legislação. Em resumo, o projeto propõe que (i) consolidação processual não implica automática consolidação substancial, devendo ser preservadas as autonomias das sociedades (art. 69-L); e (ii) seja possível ao juiz determinar, de ofício, a consolidação substancial dos devedores desde haja (i) um gau tal de confusão de ativos e passivos do grupo que torne excessivamente dispendioso identificar seus titulares; ou (ii) haja envolvimento dos devedores em fraude que imponha a consolidação.

Referências

Abrão, Carlos, Henrique. Andrighi, Fátima Nancy. Beneti, Sidnei. 10 anos de vigência da Lei de Recuperação e Falência. Ed. Saraiva, 2015, pp. 162-169.

Aires, Antonio; Xavier, Celso e Fontana, Maria Isabel in "Recuperação Judicial e Falência do Grupo Econômico" in 10 Anos da Lei de Recuperação de Empresas e Falências – reflexões sobre a restruturação empresarial no Brasil, Elias, Luis Vasco, Editora Quartier Latin: São Paulo, 2015, p. 75

Almeida, Amador Paes de. Curso de Falência e Recuperação de Empresa. Ed. Saraiva, 2012, pp. 39 e 318-320.

Bezerra Filho, Manoel Justino. Lei de Recuperação de Empresas e Falência. Ed. Revista dos Tribunais, 2014, pp. 143.

Campinho, Sérgio. O Direito de Empresa, 10ª ed. Rio de Janeiro: Renovar, 2009. p.82

Cerezetti, S.C. Neder; Souza Júnior, Francisco Satiro de. A silenciosa "consolidação" da consolidação substancial. Revista do Advogado, São Paulo, v. 36, n. 131, p. 216-223, 2016.

Cerezetti, S.C. Neder; Grupo de Sociedades e Recuperação Judicial: O indispensável encontro entre direitos societário, processual e concursal. In: Yarshell, Flavio L; Pereira, Guilherme Setoguti J. (Coord.) Processo Societário. v.11. São Paulo: Quartier Latin, 2015.

Cerezatti, S.C. Neder. A Recuperação Judicial de Sociedade por Ações: O Princípio da Preservação da Empresa na Lei de Recuperação e Falência, São Paulo, Malheiros, 2012, pp. 203-216.

Cintra, Antonio Carlos de Araújo. Grinover, Ada Pellegrini. Dinamarco, Cândido Rangel. Teoria Geral do Processo. São Paulo, Ed. Malheiros Editores, 2014, pp. 368 e 369.

eizirik, Nelson, A Lei das S.A. comentada, v. III: artigos 189 a 300. São Paulo: Quartier Latin, 2011, com. Ao art. 243, nl. P. 372.

Greber, Michael A. Business Reorganizations, The University of Tennessee College of Law – Third Edition., p. 702 e ss.

Hansmann, Henry; Kraakman, Reinier, Organizational Law as Asset Partitioning, Working Paper, Number 252, September 1999, p. 6.

Munhoz, Eduardo S. Desconsideração da Personalidade Jurídica e Grupos de Sociedade. RDM, n. 134, p. 25-47, 2004.

Munhoz, Eduardo. "Arbitragem e Grupos de Sociedades", in Aspectos da Arbitragem Institucional – 12 anos da Lei 9.307/1996, (org.) Haroldo Malheiros Duclerc Verçosa. São Paulo: Malheiros, 2008, p. 174."

OLIVEIRA, J. Lamartine Corrêa de. A dupla crise da pessoa jurídica. São Paulo: Saraiva, 1979, p. 608.

REQUIÃO, Rubens. Curso de Direito Comercial. 27ª ed. São Paulo: Saraiva, 2007. P. 392.

REQUIÃO, Rubens. Abuso de direito e fraude atavés da personalidade jurídica (disegrad doctrine)". Revista dos Tribunais. São Paulo, RT, 1969, n. 410, p. 15.

SALOMÃO FILHO, Calixto. O novo direito societário. 4ª ed. São Paulo: Malheiros, 2001, p. 244-251.

VIO, Daniel A. Ensaio sobre os Grupos de Subordinação, de Direito e de Fato, no Direito Societário Brasileiro. Tese de Doutorado – Faculdade de Direito da Universidade de São Paulo, São Paulo, 2014.

SOBRE OS AUTORES

Ana Elias Borges Gonçalves, advogada no escritório E. Munhoz Advogados, atualmente cursando LL.M. (Master of Law) na Columbia University em Nova Iorque. Pós-graduada em Direito Societário pelo Instituto Insper de Pesquisa e graduada em Direito pela Universidade Presbiteriana Mackenzie.

Gabriel Gustavo de Camargo, advogado, com especialização em Direito Societário pelo Insper. Possui experiência com sociedades anônimas de grande porte, com especialidade nas regulamentações societárias aplicáveis às companhias de capital aberto e instituições financeiras no Brasil. Atuou nos setores de mineração e mercado financeiro.

Guilherme Maranhão é advogado, especialista em operações societárias, fusões, aquisições, *Private Equity*, e mercado de capitais. Possui mestrado em Direito (LL.M) pela Northwestern University (Chicago, EUA), pós-graduação em Direito Societário pelo Insper (São Paulo-SP), e graduação em Direito pela Universidade Mackenzie (São Paulo-SP). Trabalhou nos escritórios Tozzini Freire Advogados, e Mattos Filho Advogados em São Paulo-SP, e no Kirkland & Ellis LLP em Nova Iorque, EUA. Atualmente trabalha como *International Attorney* no escritório norte-americano Milbank LLP em São Paulo-SP. Sua trajetória profissional inclui a assessoria a fundos de *Private Equity*, tais como Warburg Pincus, KKR, e Actis, e grupos nacionais e internacionais, como Itaú Unibanco e IBM.

Soila Rodrigues é advogada especialista em Direito Societário pelo Insper e cursa o LLM em Direito dos Mercados Financeiro e de Capitais pela mesma instituição. Atua há dez anos como advogada corporativa em São Paulo com foco em Direito Societário, Mercado de Capitais e Governança Corporativa em companhias abertas.

Victor Dias Vieira Clementino é advogado, mestre em Direito pela Universidade Panthéon-Assas e pela Universidade de Columbia em Nova York (LL.M.), além de aluno de pós-graduação do LL.M. em Direito Societário do Insper. Atualmente, trabalha em Nova York como associado internacional no Simpson Thacher & Bartlett LLP.